ÉPIGRAPHIE HISTORIALE

DU CANTON DE LA GUERCHE.

ÉPIGRAPHIE HISTORIALE

DU

CANTON DE LA GUERCHE

PAR

Louis ROUBET

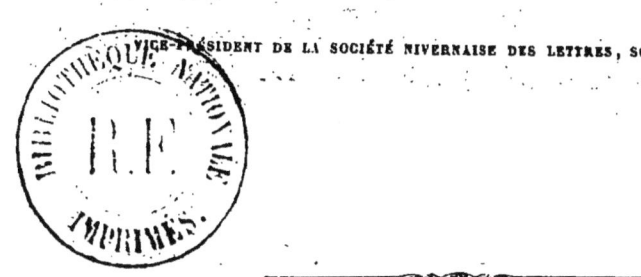
VICE-PRÉSIDENT DE LA SOCIÉTÉ NIVERNAISE DES LETTRES, SCIENCES ET ARTS.

NEVERS,

IMPRIMERIE ET LITHOGRAPHIE FAY,
Place de la Halle et rue du Rempart, 1.

1873

AVANT-PROPOS.

Les inscriptions affirment l'histoire.

L'étude de l'épigraphie n'a guère été mise en honneur que depuis deux siècles.

Elle a eu pour but principal d'exercer la sagacité des archéologues et des antiquaires qui ont la prétention, en puisant à cette source importante et sûre, de dévoiler quelque peu les secrets historiques des sociétés et des arts qui se sont évanouis.

« J'ai plaisir à lire une inscription, disait l'au-
» teur des *Études de la nature ;* il semble
» qu'une voix humaine sorte de la pierre et se
» fasse entendre à travers les siècles ; elle étend
» notre âme dans le champ de l'infini; elle lui
» donne le sentiment de son immortalité, en lui
» montrant qu'une pensée a survécu à bien des
» ruines, à bien des empires. »

En tenant ce beau langage, Bernardin de Saint-Pierre en parlait fort à son aise. Il lui était permis d'assister, dans son fauteuil académique, aux présentations que venait lui offrir l'art glyptique.

D'intrépides argonautes, partis pour la conquête de la science, lui rapportaient, comme un tribut plus précieux que l'or, des inscriptions exotiques ou nationales ; et il pouvait dans cette lecture archaïque puiser avec délices ses déductions d'histoire et de sentiment.

Mais, hélas ! nous qui avons surtout en sérieuse appréhension de n'apporter point de décevance à nos amés lecteurs, nous devons tout d'abord leur demander grâce pour le titre un peu solennel que nous mettons en tête de notre modeste étude.

Après de terribles combats, quand la vaillante légion se trouve réduite à quelques vétérans, elle compte encore pour une légion. Or, le temps a fait la guerre aux monuments qui, aux siècles passés, ont pu s'élever sur notre territoire ; *etiam periere ruinœ* ; et aujourd'hui le plus beau canton du monde ne saurait offrir que les reliefs qu'il possède épars sur son sol.

Rien n'est difficile à faire qu'une bonne inscription, disait Barhélemy. Pour l'archéologue et le chercheur, rien n'est si rare à retrouver qu'une inscription ; combien de fois, en demandant à la terre qu'elle nous restituât des médailles et des débris d'un autre âge, avons-nous souhaité de rencontrer quelques restes d'inscription ; mais notre *alma parens* en est bien avare, elle tient, sans doute, à ménager nos émotions.

Ne demandons point des trésors paléographiques. Il nous faut bien le dire, au banquet où nous convions le lecteur, nous ne vivrons que chichement, et pour finir par un mot classique :

... Nous n'avons ni Lambert ni Molière.

Néanmoins, nous tenons pour principe que dans le moindre festin, comme au moindre spectacle, il est bon de se trouver toujours largement assis ; nous tenterons donc d'élargir le cadre et d'adoucir, s'il est possible, la sécheresse des contours, tout en promettant de rester fidèle à l'estampage du tableau que nous aurons à reproduire.

Nous ne sommes point, grâce à Dieu, soumis à un questionnaire de statistique ; et sur notre route de Daulis nous ne voyons ni Sphinx ni Procruste. Nous éviterons donc les nomenclatures théoriques et monotones.

Les vérités, même celles de l'histoire locale, ne sont-elles point comme ces monuments dont l'aspect captive plus ou moins l'attention du touriste, selon qu'ils se présentent sous un jour ou sous un autre, sous telle ou telle perspective ?

La statue de Memnon ne rendait quelques sons qu'après avoir été frappée par les rayons du soleil levant.

. . . .

Néanmoins, un peu de méthode ne saurait nuire. Nous ne sortirons point de notre bien-aimé canton de La Guerche, dont le territoire actuel a été emprunté, à la fois, aux provinces du Nivernais, du Berry et du Bourbonnais.

Nous diviserons notre travail en trois parties principales :

    I. — ÉPIGRAPHIE CAMPANAIRE.
    II. — ÉPIGRAPHIE MURALE.
    III. — ÉPIGRAPHIE TUMULAIRE.

Le deuxième chapitre comprendra, comme corollaire :

>Les CHRONOGRAMMES, OU MILLÉSIMES,
>Les GRAFFITI,
>Les BRACHIGRAMMES,
>Les SIGNES D'APPAREILLEURS.

Le troisième chapitre comprendra comme appendices :

>Les LITRES, et les INSCRIPTIONS EXTERNES.

Nous ne négligerons point les noms isolés de tous faits et qui sont dignes encore de l'intérêt de l'archéologue, parce que nous avons lu quelque part : *In antiquis vel nuda quæ supersunt nomina sunt veneranda.*

Enfin, nous donnerons tout ce que nous savons : c'est peu, sans doute; mais, hélas! le temps, qui a une si mauvaise réputation, et les hommes, dès qu'il faut parler net, ont causé tant de ravages à nos monuments, qu'il devient de plus en plus difficile de payer à l'histoire générale, ainsi que le réclame Augustin Thierry, le tribut nécessaire des chroniques intimes et locales.

ÉPIGRAPHIE HISTORIALE

DU CANTON DE LA GUERCHE.

ÉPIGRAPHIE CAMPANAIRE.

Le mot cloche est d'obscure origine ; à *Saxonico* CLUGGA, *deducit, Somnerus; alii à Germanico* CLOKE.

Hélas ! les sentiers qui peuvent conduire à l'étymologie sont tortueux et les bords en sont glissants. On ignore donc si le mot est allé des langues romanes dans les langues germaniques ou celtiques, ou s'il a suivi la voie inverse. Dans le premier cas, nous pourrions stationner à *claudicare* (clocher) et dans le second nous arrêter à *klocon* (battre, frapper), sans trop tenir compte des étapes que nous indique Somnerus.

On ne peut donc point savoir ; et quoi qu'en puisse dire l'épigrammatiste Dailly, nous n'en mourrons point de désespérance.

§

Le *Traité des superstitions* (1) prétend que le petit peuple et la canaille accourent en foule de toutes parts à l'église, non pour prier, mais pour sonner les cloches, et que les personnes

(1) Par A. Thiers.

spirituelles n'ont jamais eu de penchant pour aimer à entendre les cloches.

Nous professons une grande révérence pour l'illustre auteur du *Traité*, et nous avons de bonnes raisons pour croire qu'au moins il n'était point de l'avis de Santeuil qui disait des cloquemains :

> Hi vestro funes, manibus quas sæpè tenebis
> Aptati collo quàm benè convenient.

Autrement pour le français :

« Que les sonneurs sans miséricorde, devraient avoir au cou la corde qu'ils tiennent entre leurs mains. »

Il faut respecter tous les goûts : un vulgaire dicton affirme qu'ils sont dans la nature ; aussi, loin de décréter de faiblesse d'esprit ou de pendaison ceux qui aiment le son des cloches, nous préférons partager le sentiment du divin Schiller, qui se complut à mettre deux années à produire son immortelle ballade de la cloche.

Reconnaissons que le moyen-âge et les âmes simples ont toujours grandement aimé la mystérieuse harmonie des cloches ; et nos campagnes vénèrent encore le pieux murmure qui leur rappelle famille, religion et patrie.

Disons même que celui qui faisait sauter le vieux palais des czars, où s'abritait la plus grosse cloche qui ait été fondue au monde, disait un jour à la Malmaison qu'il ne pouvait entendre sans émotion la cloche du village voisin.

De l'antiquité des cloches.

Les cloches ont généralement une antiquité plus grande qu'on n'est disposé à leur attribuer.

Elles étaient connues des Grecs et des Romains.

Le soldat en faisant sa ronde portait une cloche en main. (Aristophane.)

Les esclaves étaient éveillés par le son de la cloche. (Lucien.) Et le *tintinnabulum* annonçait l'ouverture des bains publics.

Mais il convient de reconnaître que ce n'est qu'après l'introduction des cloches dans les temples chrétiens (1) qu'elles acquirent les dimensions que nous leur connaissons. Dès le quatrième siècle, elles étaient adoptées en Orient. (Baronius.)

En 610, l'armée de Clotaire venait assiéger la ville de Sens ; Saint Loup, qui se trouvait dans ses murs, s'avisa de faire sonner les cloches de Saint-Étienne, si fort, si fort, que les assiégeants s'enfuirent frappés d'épouvante.

Nous pouvons supposer que ce n'est point uniquement au bruit retentissant des cloches de la cité que l'on doit attribuer la panique des soldats de Clotaire ; à Rivoli, un bruit considérable de tambours n'eut-il point pour effet de faire rétrograder tout un corps d'armée ennemie ?

Il était d'usage, *in principio*, de sonner les cloches pour appeler le peuple aux armes et pour s'opposer à l'attaque. Nous en trouvons des exemples dans le siège de Paris par les Normands. Le poète Abbon dit :

> Templorum Campana boant; mærentia clament
> . . . .
>
> Totius ecclesiæ convexa boando metalla
> Flebelibus vacuas supplent clamoribus auras.

« De chaque église l'airain concave mugit et remplit les airs » de sons lugubres. »

Nous nous emparons de ces deux citations pour bien établir qu'à l'époque de l'envahissement des Normands, les églises

---

(1) Saint Paulin introduisit la cloche à Nole et dans la campagne de Rome. De là viennent les noms de *Nola* ou de *Campania* qui furent donnés aux cloches.

de Paris étaient toutes pourvues de cloches. Nous savons aussi qu'en 813 un seigneur du nom d'Angelelme faisait don d'une cloche d'un très-beau son aux religieux de l'oratoire de Saint-Sauveur.

§

M. Violet-Leduc, qui décline avec franchise toute compétence dans l'art de fondre les cloches, a écrit que la plus ancienne cloche connue et existante était celle de Moissac, an. 1273.

Il oublie celle de Fontenille (Calvados), an. 1202.

Celle de la cathédrale de Sienne est de 1154.

Saint-Jean-Pla-de-Corts possède une cloche qui remonte au treizième siècle. (Epigraphie roussillonnaise.)

Enfin, *inde honor et fides*, si nous nous en rapportons à ce que nous appellerons un commencement de preuve par écrit, une cloche de l'église de Cuffy, refondue en 1786, aurait daté de l'an VCCCLVI.

C'est là une haute et noble origine ; par cela même elle est de nature à soulever des questions dignes d'intéresser les sociétés archéologiques.

Donnons d'abord la teneur du procès-verbal qui mentionne la date précitée et tel qu'il est libellé au registre des baptêmes, *liber puerorum*, de la paroisse de Cuffy pour l'an 1786 :

« Le 5 septembre 1786, la grosse cloche de cette paroisse a
» été bénite par nous, Jean-Marie Duc, curé de cette paroisse.
» Laquelle cloche a été nommée Marie-Anne, et a eu pour
» parrain messire Jean-François de Berthier, chevalier de
» l'ordre militaire de Saint-Louis, seigneur du Veuillin, et
» pour marraine damoiselle Marie-Anne Bernard de Presle,
» fille de messire Hubert de Presle, officier commensal de la
» maison du roi, seigneur dans le comté de Prémery et autres
» lieux, et de dame Marguerite-Anne Lanose.
» La cérémonie, faite en présence de messieurs les curés

» du Chautay, du Veuillin, d'Apremont, et de Bonneau,
» prêtre bénéficier de Saint - Cyr (1) et de plusieurs
» autres.

» *La précédente cloche avait duré neuf cent trente ans, et pesait*
» *comme celle-ci trois mille quelques cents livres.* »

Ainsi donc, d'après l'assertion du curé Duc, corroborée par la signature de personnages dont la bonne foi ne peut être suspectée, la cloche de Cuffy soumise au creuset datait glorieusement de la seizième année du règne de Charles-le-Chauve.

Pourquoi n'a-t-on point alors su respecter cette relique archéologique? Il faut bien le confesser tout bas..... il y avait si longtemps, si longtemps ! que la paroisse n'avait eu la grande joie d'assister aux solennités de la fonte et du baptême d'une cloche !

Tel est du moins le motif qui nous a été très-simplement donné par un brave homme de marinier dont le nom figurera à la fin de ce chapitre.

§

Le procès-verbal que nous venons de transcrire a sans doute une bonne senteur de sincérité ; néanmoins, comme ce *vidimus* peut faire naître quelques honnêtes scrupules de nature à ne point accorder légèrement un diplôme d'authenticité au fait revendiqué, nous nous croyons comme obligé de présenter quelques observations pour en dégager sinon la preuve, du moins la possibilité.

Nous avons préalablement une question à poser : A l'époque de Charles-le-Chauve (840-878), Cuffy est-il érigé en paroisse? avait-il même une chapellenie?

Puisqu'il nous faut parler nettement, nous ne possédons

(1) Il était l'un des coustres de la cathédrale.

point de monumentum qui puisse répondre à l'interrogation d'une manière péremptoire (1).

Mais afin d'arriver à quelques plausibles conjectures, nous allons formuler deux propositions que nous pourrions appeler théorèmes de rectification, et qui nous permettront peut-être d'arriver par déduction à une solution satisfaisante.

PREMIÈRE PROPOSITION.

Nous trouvons dans le *Gallia christiana* que le roi Carloman, l'an troisième de son règne, restituait à Abbon, évêque de Nevers, trente manses que l'église de Saint-Cyr possédait *in quamdam villam vocabulo Curtim, cum omnibus appendiis, sitam in Pago Nivern. in vicariâ* LATINIENSE.

Au lieu de LATINIENSE, nous proposons de lire PATINIENSE (Patinges) (2).

On a essayé de traduire *Latiniense* par Luthenay; or, il est bien difficile d'admettre, à cause de son éloignement outre-Loire, que le *vicarius (rector aut curatus)* de Luthenay se trouvât chargé d'administrer spirituellement les *manentes in villâ de Curte*; tandis que Patinges touchait précisément au territoire de *Cours-les-Barres* (de *Curte de Bararum*).

DEUXIÈME PROPOSITION.

Le même diplôme nous apprend qu'il fut donné : *actum fuit, apud villam* COCIACUM, *pridie iduum januarii indictione XIIII anno tertio regni Carlommani glorissimi regis.*

Dans une charte suivante, n° XII, transcrite toujours dans *Gallia christiana*, nous retrouvons encore : *de* CUTIACO *qualiter sub jugo Nivernensis episcopi esse debeat.*

---

(1) Nous avons rencontré dans les chartes de Fontmorigny : *Villimus Conversus, archipresbyter de Cufeio*, 1176; — *Arto de Solangio, archipresbyter de Cufeyo*, 1270.

(2) Nous trouvons : 1187, *Sado, capellanus de Palingis*; — 1200, *Hugo, capellanus de Palingis*; — 1242, *Arnulphus, presbiter de Palingis.*

Au lieu de Cociacum, et de Cutiaco, nous proposons de lire Cofiacum, et Cufiaco.

Ces deux noms, au surplus, se rencontrent dans différentes chartes qui parlent de Cuffy (1).

§

Sous le bénéfice de ces rectifications, nous en tirerons d'abord deux corollaires.

C'est qu'au temps des Carlovingiens Patinges avait son *vicarius*, qui n'était peut-être autre que le prieur du lieu; et que le très-glorieux roi Carloman aurait séjourné à Cuffy le 12 janvier 771.

DÉDUCTION.

Si Patinges, à l'époque dont nous parlons, possédait une vicarie ou un prieuré, il est rationnel d'admettre que Cuffy, qui avait une tout autre importance, devait être lui-même doté d'une église, surtout quand nous savons que sur ce coteau, au pied duquel l'Allier vient s'unir à la Loire, les comtes ou *marquis*, c'est-à-dire les gouverneurs de Nevers, avaient une résidence *pro bello*, *pro gavdio*, qu'ils ont fidèlement transmise à leurs successeurs, les comtes et ducs héréditaires.

Or, si Carloman est venu séjourner *in villà de Cofiaco*, où il signe une charte, nous pouvons supposer que Charles-le-Chauve, qui bien des fois résida à Nevers, a pu aussi visiter la même villa, et qu'enfin cette cloche dont le curé Duc revendiquait la haute antiquité au moment de la livrer à la re-

---

(1) L'intendant Le Vayer, dans l'intéressant manuscrit qu'il a laissé sur la généralité du Bourbonnais, écrit Cussy au lieu de Cuffy. (1698. Entre les mains de M. L. Morlon.)

Enfin l'*Art de vérifier les dates*, dans la dernière édition, 1818, persiste à écrire Cussy-sur-Loire, au lieu de Cuffy. (Maison de Bourgogne.)

fonte (1), était peut-être un don de cet empereur qui, dans sa métropole nivernaise, avait créé des ateliers monétaires (2).

§§

Les saintiers.

L'art de fondre les cloches présentait autrefois de sérieuses difficultés ; les maîtres saintiers ne divulgaient point leurs secrets.

Quand dans nos contrées on voulait posséder une nouvelle cloche, il fallait avoir recours à des ouvriers étrangers à nos provinces du centre.

Le fondeur Lievix, qui inscrivait son nom, en 1627, sur la cloche du Gravier, était évidemment étranger, ainsi que J.-P. Rock qui, en 1698, s'engageait à livrer au correcteur des Minimes de Decize quatre cloches d'accord sur les tons *fa, mi, ré, ut*.

Nous trouverons au Chautay un ouvrier en cloches originaire de Suisse.

La Lorraine avait le privilège de fournir des saintiers ou faiseurs de cloches.

Nous trouverons les noms de Louis, d'Étienne et de François Baudoin sur plusieurs cloches de notre canton ; ils sont tous du pays de Lorraine. Il existe encore à Pise une cloche fondue par un saintier de Lorraine.

En 1439, les échevins de Nevers, voulant avoir une cloche pour leur *reloge*, s'adressèrent à Guillaume Ymbalet et à Cordier, se disant ouvriers à faire cloches et demeurant à Ternant. Arrivés à Nevers, ils demandèrent le concours de Jehan Giles, canonnier à Mâcon ; « icelui ne pouvant venir, et n'es» tant pas asheurés de leur ouvrage, ils furent renvoyés, » et force fut à la cité d'avoir recours à des saintiers plus habiles.

---

(1) En 1761, il a été refondu à Arles une cloche qui datait de 1322.
(2) Leblanc, *Traité des monnaies*, p. 86.

§

Baptême des cloches.

Le baptême des cloches était un usage fort ancien. Charlemagne essaya de le supprimer, mais il ne put y parvenir. Les attrayantes solennités qui en étaient la conséquence parlaient trop aux yeux du peuple qui, à cette époque, délaissait avec peine les cérémonies du culte païen.

Le roi Robert donnait son nom à une cloche de Saint-Aignan, d'Orléans; et si la possession d'une cloche *bellement sonnante* était vanité pour les paroissiens, les seigneurs de paroisse tenaient aussi à honneur d'en être les parrains ; en cette occasion ils ne marchandaient point leur générosité.

Comme dans les inscriptions que nous allons transcrire nous rencontrerons bien des noms seigneuriaux, nous croyons utile de donner sur chacun d'eux, en tant qu'ils concernent la localité, une courte mention généalogique, sinon historique.

§§

Allons, épigraphistes, à la rescousse : pour ascender de clocher en clocher les échelles sont prêtes !... Hélas ! nous disons échelles, bien qu'un procès-verbal de 1773, libellé à l'occasion de la reconstruction de l'église de Germigny, déclare *l'échelle estre indécente et malpropre dans le saint lieu.*

Nous n'avions que le clocher d'Apremont qui nous offrît des degrés de pierre pour monter à son sommet. Il était bien juste au moins que l'église du lieu eût son escalier de pierre, puisque cette paroisse avait ouvert ses carrières pour édifier Sainte-Croix, d'Orléans, et Chambord.

I.

Le Gravier. — La Guerche

Parmentier, que les auteurs du *Gallia christiana* ont qualifié de *vir eruditus et super fidem studiosus, vetera instrumenta colligens*, rapporte qu'en 1439 les habitants de la paroisse du Gravier vendaient à la ville de Nevers quatre cent dix-huit livres de métal fin, pour fabriquer *le gros saint de la communauté*; c'est ainsi qu'alors on désignait la cloche de l'horloge de la cité. — *Signum*.

Ce métal provenait d'une cloche mise hors d'usage ; il était vendu à raison de onze livres le cent.

C'est là le plus lointain souvenir que nous ayons découvert sur les cloches qui anciennement ont pu être suspendues dans le vaste clocher de Saint-Etienne du Gravier.

La cloche solitaire qui s'y trouve aujourd'hui date de trois siècles; elle porte l'inscription acclamative que voici :

J. H. S.
Ste STÉPHANE, ORA PRO NOBIS.
1565.

C'est la plus belle et la plus ancienne cloche de tout le canton.

Une tradition, qui ne saurait prendre sa source que dans un sentiment de reconnaissance transmis de générations en générations, donne encore aujourd'hui à cette cloche le nom de Marie d'Albret.

Il y a erreur évidente, car cette princesse bien-aimée n'a pu conférer son nom à cette cloche, puisqu'elle était décédée à Paris en 1549.

Mais, sans sortir de l'illustre famille, nous pourrions peut-être, avec raison, en attribuer le don à Henriette de Clèves, qui précisément, au mois de mars 1565, épousait Ludovico de

Gonzagues, alors que la baronnie de La Guerche venait tout récemment d'entrer dans la maison de Nevers.

En 1860, une seconde paroisse ayant été accordée à La Guerche, par suite de la construction d'une nouvelle église : on y transféra une des deux cloches du Gravier.

Voici l'inscription qui l'entoure :

> IHS. MA. Ste STÉPHANE ORA PRO NOBIS.
> FRANÇOIS TENON, BARON DE LA GUERCHE, PARRAIN, FILS DE NOBLE Sr Mre ANTOINE DE TENON, CONSEILLER DU ROI EN SON CONSEIL, S^r DE FONTENAY, DE LADICTE GUERCHE ET DE MARGUERITE BRISSONNET.
> ET POUR MARRAINE DAME FRANÇOISE BOLACRE, V^e DE FEU NOBLE Sr Mre ÉTIENNE DE TENON, CONSEILLER DU ROI, MAITRE DES REQUÊTES ORDINAIRE DE SON HÔTEL, Sr DESDITS LIEUX.
> EN LAQUELLE ANNÉE 1627 M^{tre} ÉTIENNE COSSON, NOTAIRE ROAIAL ÉTAIT FABRICIENT.
> LIEVIX.

§

At, quœnam sunt nomina?

La baronnie de La Guerche demeura soixante-un ans dans la famille nivernaise des Tenon. L'inscription ci-dessus se trouve reproduire les noms des trois barons qui se succédèrent.

Etienne de Tenon, seigneur de Fonfay, d'Azy et Guichy, lieutenant-général au présidial de Saint-Pierre-le-Moûtier, puis en 1598 maître des requêtes de l'hôtel privé du roi, et marié à Françoise Bolacre en 1580, avait acquis de François de Montholon les seigneuries de La Guerche et Jouet, le 9 février 1607.

Il eut pour successeur Antoine de Tenon, conseiller au grand conseil, et qui épousa Marguerite, fille de François

Brissonnet, arrière-petite-fille du chancelier Robert Brissonnet. (P. Anselme.)

Il mourut au mois de novembre 1640, laissant la baronnie à François de Tenon, né à Nevers, le 18 mai 1616, en la paroisse de Saint-Etienne.

Celui-ci avait donc onze ans quand il assista avec son aïeule à la cérémonie du baptême de la cloche.

Françoise Bolacre était fille de Jacques Bolacre, seigneur de Sigogne, lieutenant-général en Pairie, et sœur de Henry Bolacre, lieutenant du roi en Nivernais.

Etienne Cosson, *fabricient* et *notaire roial*, devenait successivement lieutenant et bailli de La Guerche, et en même temps conseiller en l'élection de La Charité; il ajouta à son nom celui de Lalande, et plaça dans son blason un *coq* et deux *grillets* (sonnettes), sans doute pour faire parler son nom *Coq-Son*.

Nous supposons que le nom Lievix, qui se trouve au bas de l'inscription, est le nom du fondeur; celui-ci a commis une erreur en désignant Antoine Tenon comme seigneur de Fontenay, c'est Fonfay qu'il devait inscrire.

§

Au moment de la Révolution, cinq cloches existaient dans l'église du Gravier; les trois plus petites furent livrées en sacrifice à la patrie; les deux autres, celles dont nous avons parlé, furent descendues dans la cour du château de La Guerche. Leur valeur vénale les préserva; l'intérêt communal prévalut contre la générosité patriotique.

Il nous a été raconté que, tandis que dans une des galeries de ce château on se livrait à l'orgie des festins populaires, les deux cloches n'en demeuraient pas moins un objet de vénération pour des jeunes mères qui les faisaient toucher par la main de leurs petits enfants, comme de saintes reliques.

§

Après le rétablissement du culte, les cloches furent remontées au Gravier, et la joie de les entendre sonner fut si grande *que, pour les moindres fêtes et cérémonies, elles étaient mises en branle d'une manière solennelle par des hommes de tout âge*, de sorte qu'il fallut prescrire une décision qui conférait exclusivement au sacristain le droit de sonner les cloches, et renvoyait devant le juge de paix quiconque se serait *immiscé au son des cloches* (1).

§

Nous ne saurions quitter notre gros clocher de Saint-Etienne du Gravier sans parler du coq qui fièrement remplit ses fonctions d'anémoscope depuis bientôt trois siècles.

L'usage de placer des coqs sur les églises remonte à une époque très-reculée ; ils étaient généralement dorés. Un auteur du dixième siècle raconte la déconvenue de deux voleurs qui furent appréhendés après avoir dérobé un coq qu'ils s'imaginaient être en or massif.

Le coq de l'église du Gravier a-t-il été doré primitivement ? Nous l'ignorons ; mais, sous un prétexte *honnête*, il vient de nous être présenté à domicile. Il était longuement enrubanné. Nous avons donc été très-heureux et très-honoré de pouvoir l'examiner avec tout l'intérêt qu'il mérite.

Ce coq est en cuivre repoussé et composé de différentes pièces assemblées symétriquement deux à deux par de nombreux rivets.

> Enfin il est orné de ce royal emblème
> Qui sur son noble front éclate en diadème.
> (Parseval.)

(1) Registre des délibérations de fabrique du Gravier.

La partie épanouie qu'il oppose au vent porte ce millésime :

1590.

Au-dessus se trouve cette inscription monolettre :

IDR.   SF.

Nous supposons que s. f. veut dire : *Sculpsit fecit.*

L'amour-propre de l'artiste, même quand, venu de l'Auvergne, il travaille sur le cuivre, ne saurait s'élever trop haut.

II.

Le Chautay.

La terre du Chautay était de l'ancienne dotation et fondation de l'église d'Orléans.

L'an troisième de son règne, le roi Carloman restituait à l'église Sainte-Croix les terres de Marzy et du *Sautel* qui lui avaient été violemment enlevées. Jusqu'à l'époque de la Révolution, le chapitre d'Orléans conserva le droit de collation à la cure. — *Cura de Chanteyo Chautay aliàs le Sautel. Capitulum Sanctæ Crucis Aureliensis.*

Chaque année, quand un délégué du chapitre venait en la paroisse de Saint-Saturnin du Chautay, faire sa visite domaniale, il était reçu au son des cloches.

Il advint que Joseph de Tenon, écuyer, se rendit acquéreur, moyennant dix livres de rente foncière, des droits de justice, seigneuriaux et honorifiques, dont se départaient les vénérables, doyen, chanoines et chapitre de l'église d'Orléans. L'acte avait lieu au Châtelet d'Orléans, en février 1738. Il était de toute convenance que le nom du nouveau seigneur fût gravé sur l'airain ; aussi le curé Boursier nous a-t-il laissé la mention suivante :

« 14 septembre 1738. — Vu la permission à nous accordée
» par messire Damonville, vicaire général de Mgr l'arche-

» vêque de Bourges, nous avons fait la bénédiction de la
» deuxième cloche de la paroisse, à laquelle nous avons im-
» posé les noms de saint Joseph et de sainte Marguerite.

» Le parrain a été messire Joseph de Tenon, écuyer, sei-
» gneur de cette paroisse.

» La marraine, dame Marguerite Roy, dame de Salles,
» veuve de Gilles de Boudeville, avocat en Parlement.

» Laquelle cérémonie a été faite en présence de M^{res} Jean
» Missonnier, curé du Gravier; Claude Seigne, prêtre-aumô-
» nier de Germigny; messire Marion, s^r de Givry; Louis
» Chamorot, s^r d'Auvenay; Pierre Leveillé, s^r du Fournay;
» Pierre Camuzat, bailli de cette justice, et de plusieurs autres
» qui ont signé. »

Le parrain Joseph de Tenon, qui fut trésorier de France en la généralité de Bourges, avait épousé, le 10 septembre 1726, Anne-Charlotte des Ulmes, fille du seigneur de Trougny et Servandet, et de dame Antoinette de La Platière. Le mariage fut célébré à Saxi-Bourdon. Le contrat de mariage avait été dressé par Marchangy, notaire à Saint-Saulge. Il mourut à l'âge de soixante ans dans sa seigneurie, sans laisser de postérité.

Le plus beau titre de gloire qui peut être dû à la marraine Marguerite Roy, est celui d'avoir su marier sa fille Marguerite-Claire avec haut et puissant seigneur messire Hilarion Fréseau, chevalier, comte de La Frézelière et marquis de Germigny, qui comptait soixante-quatre quartiers de noblesse sans mésalliance, et avait la prétention de descendre de Charlemagne.

§

Vers 1740, le clocher de Saint-Saturnin se trouvait donc pourvu de deux cloches. Dans une sonnerie trop joyeuse la plus grosse des deux se fendit d'un pied de longueur. Dans cette occurrence, le curé Boursier eut recours au savoir-faire d'un nommé Augustin Dumaine, Suisse de nation, lequel *raccommode la cloche sans être obligé de la faire refondre.*

Pour ce travail, il fut payé vingt-sept livres au saintier, qui ne craignit point de livrer le secret qui avait rendu à la cloche toute sa sonorité. Le digne curé ajouta : « Il en coûtera » moins à présent que l'on connaît le secret (1) ! »

La joie de cette réfection merveilleuse, avec la manière de s'en servir, ne fut pas de longue durée, ainsi que le prouvent les nouvelles bénédictions qui eurent lieu le 8 mai 1744.

En voici les mentions :

« Nous avons fait la bénédiction des deux cloches de cette
» église. Le parrain de la grosse a été Mre Edouard Gascoing,
» seigneur de Bernay, chevalier de l'ordre militaire de Saint-
» Louis, brigadier de la compagnie des gendarmes de la garde
» ordinaire du roy.
» La marraine, demoiselle Anne-Perrette-Gasparde des
» Ulmes, petite-fille de Pierre des Ulmes, seigneur de Bolon
» et de Torcy.
» Le parrain de la seconde cloche a été Mre Joseph de
» Tenon, écuyer, seigneur du Chautay.
» La marraine, dame Louise-Marie Gascoing, veuve de
» Louis Chamorot d'Auvernay.
» Ont signé au registre de la paroisse : Anne des Ulmes
» de Torcy, — Marie Gascoing d'Auvernay, — Gascoing de
» Bernay, — de Tenon, — Blanzat, — Claude Boursier,
» peintre en faïence, — Gascoing d'Azy, chevalier, curé de
» Patinges, — et Boursier, curé du Chautay. »

§

Quinam sunt Patrini et Matrinæ.

Edouard Gascoing, l'un des deux cents gardes du roi, était fils de Gilbert Gascoing, seigneur de Bernay, ancien prévôt provincial de la maréchaussée du Nivernais, et de Françoise Gascoing.

(1) Registres de la paroisse du Chautay.

Il avait été pendant quelque temps gentil-servant de Mme Louise de France.

Le 3 juin 1691 il laissait à Emée de Tenon, sa femme, le pouvoir de gérer ses biens et affaires, étant (disait-il devant notaire) sur le point de faire un voyage pour Paris, et peut-être *plus avant*, selon l'ordre qu'il recevra de la cour.

Si lors de la bénédiction de la cloche le parrain était septuagénaire, la marraine en revanche était bien jeune; elle n'avait que dix ans, âge heureux des fleurs et des dragées !

Elle était fille de Pierre des Ulmes et de dame Françoise de Champs, et nièce des sieur et dame du Chautay, chez lesquels elle habitait.

Et le jour de la solennité, en rentrant au logis seigneurial, situé à quelques pas de l'église, le vieux brigadier des gardes disait, en relevant sa moustache grise : « M'est avis, made-
» moiselle de Torcy, que la cloche dont vous venez d'être la
» glorieuse marraine fera entendre des sons bien joyeux, alors
» que votre tante Charlotte vous aura trouvé pour époux
» quelque gentil capitaine. — Monsieur de Bernay, répondait
» la jolie marraine, les dragées que vous m'avez offertes
» sont exquises; je suis sûre qu'elles viennent de Paris; elles
» sont à la vanille... »

Onze ans plus tard, le 12 septembre 1751, la cloche faisait entendre un lugubre tintement : la pauvre jeune fille venait de rendre le dernier soupir... Elle était inhumée dans le chœur de l'église....

La marraine de la seconde cloche était fille d'Édouard Gascoing sieur de Bernay, et d'Edmée Tenon ; elle avait épousé Louis Chamorot d'Auvernay, maître particulier dans les eaux et forêts du Nivernais, dont nous aurons à parler plus loin.

§

Le 31 octobre 1753 avait encore lieu dans la même église la bénédiction d'une nouvelle cloche, *plus grosse que les autres.* On lui donna les noms de MICHEL-ANNE.

Le parrain était J.-B.-Michel Gascoing, de Demeure, écuyer, sieur de Bernay.

La marraine était Anne-Charlotte des Ulmes, épouse de Joseph de Tenon, seigneur de la paroisse.

Le procès-verbal était signé ainsi : Gascoing d'Auvernay, — de Guillon, — des Ulmes, — de Givry, — de Guillon de Menetout, — Joseph de Tenon, — du Lys, vicaire du Gravier, — Chevalier, curé de Patinges, — Glaut, curé de Germigny, — Quiéras, curé du Gravier, — et Boursier, curé du Chautay.

§

Nous aimons à constater que pendant la durée de ses fonctions curiales il fut donné à messire Jean Boursier l'honneur enviable de présider bien des fois à des bénédictions de cloches; et encore nous sommes obligé de rappeler qu'en 1703 une nouvelle cloche avait été fondue, et que par acte du 27 septembre même année, Gilbert Gascoing, qui tenait la seigneurie de Bernay du chef de sa femme, Françoise Gascoing, pour aider à payer la nouvelle cloche, amortissait une rente de cinq livres, moyennant laquelle il avait droit à un banc dans le chœur de l'église. L'amortissement était de cent livres et une chasuble.

§§

L'église de Saint-Saturnin du Chautay ne possède plus aujourd'hui qu'une seule cloche. Elle porte l'inscription suivante :

J'AI ÉTÉ BÉNITE PAR MESSIRE JEAN BOVRSIER, CVRÉ DE CETTE PAROISSE. LE PARRAIN A ÉTÉ MESSIRE JOSEPH DE TENON, ÉCVYER, SEIGNEVR DV CHAVTAY, ET LA MARRAINE DAME LOVISE GASCOING, VEVVE DE MESSIRE LOVIS CHAMOREAV D'AVVERNAY, CONSEILLER DV ROY, Mᵉ PARTICULIER DE LA MAITRISE ROYALE DES EAVX ET FORÊTS DV NIVERNAIS.

Cette cloche est donc une de celles qui furent bénites le 8 mai 1744.

Sa sœur jumelle sert aujourd'hui de timbre à l'horloge municipale de La Guerche.

Elle porte l'inscription suivante :

L'AN 1753. BÉNI PAR JEAN BOVRSIER, CVRÉ DE CE LIEV. MON PARRAIN A ÉTÉ M^{sse} MICHEL-JEAN-BAPTISTE GASCOING DE DEEMEVRE, CHEVALIER, S^r DE BERNAY, ET MA MARRAINE DAME ANNE-CHARLOTTE DES VLMES, EPOVSE DE M^{sse} JOSEPH DE TENON, ÉCVYER, S^r DE CETTE PAROISSE.

Ces deux cloches avaient été transportées au chef-lieu du canton à l'époque de la Révolution.

Lors du rétablissement du culte, la paroisse du Chautay fut momentanément réunie à celle de La Guerche, et la fabrique se trouva avoir droit aux deux cloches provenant de Saint-Saturnin (1); mais elle réclama en vain le timbre qui sonnait les heures aux habitants de La Guerche. Enfin, le 3 *octobre* 1830, les membres de la fabrique, changeant tout-à-coup d'opinion politique et campanaire, renoncèrent à leur prétention, en prenant en considération certaines réparations que la municipalité avait opérées au cimetière du lieu.

Quelques années après, M. le comte E. de Montsaulnin se rendait acquéreur de l'église du Chautay et la faisait réparer à ses frais.

La cure se trouvait ainsi rétablie et l'autel réconcilié. Par suite, la paroisse du Gravier restituait au clocher de Saint-Saturnin la cloche dont il était veuf depuis quarante ans.

Mais la ville de La Guerche conserva pour son horloge le timbre qui porte les noms des anciens seigneurs du Chautay et de Bernay.

Les destinées des choses et des hommes sont changeantes.

---

(1) **Le manuscrit d'Arles cite les noms de sept évêques qui avaient été envoyés dans les Gaules par saint Pierre, sous Claude (41-54). De ce nombre se trouve SATSIN. —** *Saturninus.*

III.

Patinges. — Torteron.

Dès les premiers siècles du christianisme, Patinges (le *Latiniense* du *Gallia christiana*) put être initié aux mystères de la foi.

Il avait un prieuré ; et les noms de ses seigneurs nous sont parvenus, grâce aux bienfaits dont ils comblèrent les couvents de La Charité et de Fontmorigny.

La paroisse dut sans doute tenir à honneur de posséder en le clochier de son église quelque bonne cloche qui tocquât bellement, mais nous n'en avons trouvé mention nulle part.

Voici uniquement la teneur d'un procès-verbal constatant le baptême d'une cloche, tel qu'il a été dressé par François Chevalier, curé de la paroisse :

« Cejourd'hui, 30 octobre 1753, a été solennellement
» bénite par moy, curé de ce lieu, avec la permission de mon-
» seigneur l'Évêque, la cloche de cette église, sous les noms
» de JEANNE-MARIE, dont le parrain a été messire Michel-
» Jean-Baptiste Gascoing de Demeure, chevalier, seigneur de
» Bernay, et la marraine D^{lle} Marie-Adélaïde de Guillon, en
» présence de messire Jean-Baptiste Moreau, archiprêtre,
» curé de Cours-les-Barres ; Mre Bertrand Perrin, curé de
» Marseilles ; Me Jean Brugnot, curé de Saint-Germain ;
» Me Bourcier, curé du Chautay ; de Me Marcellin de Guillon,
» chevalier, seigneur de Ménetou ; messire Benoist-Marie de
» Givry, seigneur de Givry, la Mosle et autres lieux ; Me Pierre
» de Guillon et Me Joseph de Jenon, chevalier, seigneur du
» Chautay, qui ont signé avec nous et les autres soussi-
» gnés. »

Cette cloche a été refendue en 1826, et ne porte aucune inscription, pas même le nom du fondeur. La vieille église romane qui avait vu au seizième siècle s'introduire dans son portail et dans sa fenêtre absidale le style de la renaissance a été abandonnée en 1858.

Une autre église a été construite à Torteron, et la cloche, ici nommée, enfermée dans une cage de bois, attend patiemment qu'on lui érige un clocher.

A l'époque de l'exposition générale, un touriste fit à ce propos le quatrain suivant :

> O voyageur qui cherches des prodiges,
> A Torteron viens admirer les arts,
> Vois ce clocher habillé de voliges,
> Ce spécimen n'est point au champ de Mars.

§

Jeanne-Marie de Saint-Martin, de Patinges, avait sûrement été fondue en même temps que la Michel-Anne du Chautay.

Elles eurent toutes deux le même parrain : Jean-Baptiste-Michel Gascoing, et furent baptisées, l'une le 30 et l'autre le 31 octobre 1753.

§

Le fief de Bernay (1) était entré dans la famille nivernaise des Gascoing par l'acquisition qu'Étienne Gascoing en avait faite le 5 mai 1602.

Il en sortit par suite de la vente consentie en 1767 par Jean-Michel Gascoing de Demeure, au profit de Bernard Augier, sieur des Courgeats, ci-devant gentilhomme de Mme Louise de France.

Gascoing de Demeure était alors marié à Louise-Marie de

---

(1) Bernay, *Bernacum*, *Bernaïum*. — Selon Huet, ancien évêque d'Avranches, le nom de Bernay aurait son étymologie dans le mot Saxon Barn, qui veut dire grange, métairie.

Le savant M. Auguste Le Prévost est d'avis que l'on doit écrire *Bernai*, par un *i* et non pas Bernay par un *y*.

Boudeville, qui lui avait apporté la seigneurie de Salles, en la paroisse du Gravier.

La marraine était fille de Marcellin de Guyon, seigneur de Ménetou-Couture.

IV.

Saint-Germain.

Au moment de la Révolution, l'église de Saint-Germain, qui bientôt allait se voir transformée en une fonderie de canons, possédait trois cloches ; conformément aux décrets nationaux, elles furent descendues pour être livrées aux officiers municipaux composant le district de Sancoins.

La paroisse avait alors pour curé Jacques-Alexis Besse. Il était fort aimé, nous disait un jour un ancien laboureur, *mais il ne parlait pas bien le français;* cela voulait dire qu'il était originaire de la haute Auvergne.

Le 6 février 1791, il avait d'abord consenti à prêter le serment civique ; mais, le 26 septembre 1792, il reniait un moment d'aberration et refusait de prêter le nouveau serment qu'on exigeait de lui. Deux mois après il était condamné à 100 livres pour avoir déchiré des affiches officielles apposées à la porte de son église, et bientôt il était dénoncé, arrêté et conduit dans les prisons de Bourges.

Cependant le 1er nivôse an II, à six heures du matin, une grande émotion se manifeste dans la ci-devant paroisse ; un rassemblement considérable de citoyens armés de piques se rend au domicile du maire, à l'effet de le contraindre à remonter dans le clocher les trois cloches qui étaient *gisantes sur le pavé de la nef;* et on propose en même temps de former une *bourse commune* pour aller à Bourges demander l'élargissement du curé Besse.

Le maire, entouré des autres fonctionnaires de la commune, fait sagement observer que le rassemblement était illicite et que le vœu exprimé était contraire à la loi, qui ordonne la descente des cloches *dont le métal serait avantageux* à la République.

. . . .

Malgré ces remontrances aussi *amicales* qu'infructueuses, les officiers municipaux sont entraînés dans l'église de Saint-Germain, les cloches sont remontées, et *l'autorité est priée de tirer elle-même la corde pour s'assurer si les cloches sonnaient convenablement* (1).

Mais la force devait rester à l'ordre public. Peu de jours après cette émeute campanaire, les principaux instigateurs furent appréhendés et conduits devant le tribunal du district.

Les cloches étaient descendues de nouveau, et par mesure de prudence, l'autorité en faisait préalablement briser les anserons.

Si le métal était *avantageux* à la chose publique, il n'en était point moins précieux pour la commune, qui avait pris le nom retentissant de la Canonnière-sur-l'Aubois ; aussi, malgré les réquisitions réitérées des administrateurs du district, les cloches demeurèrent-elles cachées dans la maison du citoyen maire, qui fut très-fier de les restituer en 1806.

Dans le courant de cette même année, le curé Antoine Subert les faisait refondre et bénissait deux nouvelles cloches. La première portait cette inscription :

J'AI EU POUR PARRAIN PIERRE-HUBERT CACADIER, REPRÉSENTÉ PAR M. AUGUSTE CACADIER, TOUS DEUX FILS DE CLAUDE CACADIER, PROPRIÉTAIRE, ET DE DAME VICTOIRE THOMAS, SON ÉPOUSE.

ET POUR MARRAINE DAME MARIE SERVOIS, FILLE DE M. JOSEPH SERVOIS, PROPRIÉTAIRE ET MAIRE, ET DAME MARIE CACADIER, SON ÉPOUSE.

(1) Registres des délibérations de la commune.

Sur la seconde cloche on lisait :

J'AI ÉTÉ BÉNIE PAR ANTHOINE SUBERT, CURÉ DE SAINT-
GERMAIN.
J'AI EU POUR PARRAIN M. SILVAIN AUGUET, PROPRIÉ-
TAIRE, FABRICIENT, ET POUR MARRAINE MARIE
THIBAUDAT, ÉPOUSE DE VINCENT FILLEUX, PROPRIÉTAIRE.

En 1867 une nouvelle église était construite à Jouet, et remplaçait celle de Saint-Germain.

Les anciennes cloches étaient livrées au commerce, et en échange on obtenait une nouvelle cloche en acier fondu. Elle porte cette inscription :

ANNO CHRISTI 1867 ME BENEDIXIT CAROLUS DE LA TOUR
D'AUVERGNE, ARCHIEPISCOPUS BITHURICENCIS.
MIHI PATRONUS COMES JAUBERT, ET MATRINA, EMILIA
HOUDAILLE. RECTORE S. CLEMENT, VICIQUE PREFECTO
BUJON. SANCTA GERMANA MEA PATRINA, ORA PRO EIS.

V.

Cours-les-Barres.

L'ancienne paroisse de Cours-les-Barres exhale comme un parfum le poétique souvenir des temps où florissaient la féodalité et la chevalerie.

Ses barons, qui prirent par la suite les noms de Givry et de La Môle, ont le privilège du portage de l'évêque, lors de son entrée solennelle à Nevers ; *episcopus in solemni ingressu devehi solet baronibus.*

Le territoire est soumis à des dîmeries, mais ces redevances semblent rappeler qu'elles ont été établies pour *faict de guerre*; elles se nomment : le dîme des quatre-écuyers, le dîme de longue-épée.

Les noms chevaleresques des seigneurs du lieu résonnent encore aux oreilles comme un cliquetis d'armure.

Bernard de Bourbon et Radulphe de Patinges, son neveu, Chastillon et Courtenay, et les Guillaume des Barres, ont tour à tour possédé cette terre de *Cortz* que baignait la Loire *(Curs suprà Ligerim)* !

L'antique église elle-même n'aurait-elle point emprunté le vocable de Saint-Pantaléon, au célèbre oratoire de Constantinople, dans lequel s'assembla le second concile général ? Pourquoi non ; est-ce que Courtenay, l'un des seigneurs de Cours-les-Barres, ne devint pas empereur d'Orient ?.....

Mais ne perdons point de vue notre clocher, et revenons à nos cloches.

Le curé Jean Noël, qui sur les registres paroissiaux de l'an 1765 rappelait qu'il avait procédé à neuf mariages, à quatorze baptêmes d'enfants mâles et à neuf de femelles, a aussi consigné la mention suivante :

« Le 8 décembre 1765 a été bénite par moi, curé soussigné,
» la grosse cloche de cette paroisse, pesant six cent soixante
» livres, qui coûta seulement pour les fondeurs cent livres, à
» la condition qu'ils la rendraient sonnante, à dires d'expert,
» et fourniraient le déchet. Elle a été augmentée de six livres.
» Le parrain a été messire Benoist Marion, ancien seigneur
» de Givry, La Môle, Cours-les-Barres et autres lieux.
» La marraine, dame Marguerite-Victoire Pascault, épouse
» de messire Pierre Marion de Givry, seigneur de Givry, La
» Môle, Cours-les-Barres et autres lieux. »

§

Les terres ci-dessus désignées étaient entrées en la possession de la famille Marion par l'acquisition qui en avait été faite, le 15 juillet 1697, par Ignace Marion, avocat à Nevers, alors seigneur du lieu, fief qui relevait de la baronnie de Givry.

Pierre Marion, dénommé au procès-verbal ci-dessus, fut le dernier baron de Givry. Il vendait en 1819 ses terres domaniales, sous la réserve *éventuelle* des droits féodaux qu'il exerçait avant la Révolution sur le détroit de la Loire...... *si on les rétablissait!*......

§

En 1793, Saint-Pantaléon de Cours-les-Barres possédait deux cloches ; l'une fut livrée au creuset national, et l'autre fut refondue en 1824.

Elle eut pour parrain M. Hippolyte-François comte Jaubert, et pour marraine dame Adélaïde de Villerfort, représentée par demoiselle Cécile Micout. Le fondeur se nommait Bricard.....

Nous nous sommes imposé une prescription : c'est de ne point parler des vivants, quels qu'ils fussent, lors même que leurs noms sympathiques seraient gravés ailleurs que sur le marbre et le bronze.....

VI.

Germigny.

Germigny, qui tour à tour fut biturige, nivernaise et bourbonnaise, possède une église qui excite l'intérêt de l'archéologue, bien que son aspect primitif ait été complètement défiguré.

Sa belle tour de pierre, élevée par étages, était surmontée d'une flèche *des plus élevées et des mieux travaillées de tout le diocèse*, rapporte un procès-verbal dont nous donnerons bientôt un extrait.

Quatre cloches garnissaient le clocher, y compris celle qui servait de timbre à l'horloge ; car Germigny, qui prenait le nom de ville, avait son beffroi. Une de ces cloches, la plus petite, avait été bénite, le 27 avril 1701, par Claude Crosnier, curé de la paroisse ; elle pesait cinq cent soixante livres.

Elle avait été nommée MARIE-BERNARDE. Le parrain avait été messire Bernard Brissonnet, marquis d'Oizonville, seigneur de Germigny, et la marraine, Marie-Magdelaine Bonnet, épouse de messire Edme de La Barre, seigneur de Gérigny.

En présence de : Jacques Dumarest, curé du Chautay ; Jacques Chaillot (de Lugny), Pierre Bornichon, procureur, fabricien ; Gilbert Mesnard, châtelain de Germigny, et autres.

§

« Un terrible et funeste événement, dit un procès-verbal,
» devait apporter à cette paroisse un châtiment d'autant plus
» vif qu'il frappait l'endroit qui devait être le plus sensible.
» On tirait gloire et vanité vis-à-vis des étrangers du bon état
» où était l'église, ainsi que de sa beauté. Mais on y apportait
» des cœurs corrompus dans des corps immodestes, et Dieu a
» fait tomber le feu du ciel sur le temple.....
» Le 28 janvier 1773, un violent orage éclate, la foudre
» tombe sans grand bruit sur la flèche de l'église. La croix
» qui la surmontait est renversée, la pomme de plomb qui la
» soutenait se fond, et l'extrémité de la charpente commence
» à s'enflammer et à brûler comme un cierge. Le tocsin est
» sonné ; il est trois heures du soir. Mais le curé et les deux
» tiers des habitants se trouvent à la foire de Sancoins !
» Trop tard enfin le curé arrive ; il propose de monter au
» clocher et de tenter à faire la part du feu ; mais la peur du
» danger s'empare des assistants ; quelques-uns consentent
» à grand'peine à pénétrer dans la sacristie et dans les cha-
» pelles pour y enlever ce qui s'y trouve de plus précieux. La
» nef, qui était nouvellement lambrissée, prend feu, et tout
» le monument devient la proie des flammes. »

§

Après ce terrible incendie, l'église demeura pendant deux années en état de réparations. Il fut nécessaire de refondre les cloches qui devinrent l'objet des plus vives sollicitudes des habitants.

Louis Baudoin, fondeur, demeurant en la paroisse de Champigneuse, en Lorraine, est appelé à Germigny.

François Muzette, syndic de la paroisse, s'oppose à ce que les cloches soient fondues hors la présence de l'adjudicataire principal chargé de toutes les réparations.

Baudoin fait venir du métal de La Charité pour suppléer à celui que ne pourraient rendre les anciennes cloches.

Le syndic assiste au pesage, qui a lieu chez l'aubergiste Rousset. Pour ce faire, M. le Curé prête sa romaine; on trouve six cent quarante-huit livres de nouveau métal qui devra être employé pour la troisième cloche.

Baudoin déclare en outre avoir apporté deux cent soixante-huit livres de *vieil* métal.

Peu de temps après la manufacture de La Charité réclame au syndic mille neuf livres pour *métot* fourni pour la fonte des cloches de Germigny.

Les trois cloches étaient fondues. Il fallut donc procéder à la solennité de leur bénédiction, et les paroissiens de Germigny, toujours enclins à la vanité, cherchèrent d'illustres parrains.

Voici au surplus le texte du procès-verbal qui fut dressé, le 2 novembre 1775, par le curé de la paroisse qui, sans doute en proie à de tristes pensées, avait choisi le jour anniversaire de la fête des Morts pour procéder à cette solennité :

« En vertu de la permission accordée à nous par Mgr l'Ar-
» chevêque, signée Dubois, vicaire général de ce diocèse,
» contre-signée Merle de La Brugière, datée du 20 juillet,
» nous avons procédé à la bénédiction des trois cloches de
» cette église paroissiale, assisté de MM. Simonin, curé de
» Vraux ; Joulin, curé de La Chapelle-Hugon, et Fossiat,
» vicaire de Germigny.

» La grosse cloche a été nommée GEORGE-LOUIS par mon-
» seigneur Phelippeaux, patriarche, archevêque de Bourges,
» *Prima des Gaules*, commandeur, chevalier des ordres du

» Roi, et MARIE-HENRIETTE-MARGUERITE par dame madame
» Frézeau de La Frézelière, épouse de haut et puissant sei-
» gneur Louis-César, marquis de Bonneval, seigneur de
» Bonnezon, Rimbé, Chaumon et autres lieux.

» La seconde a été nommée HILARION par h. et p. seigneur
» Frézeau de La Frézelière, marquis de Germigny, ancien
» premier lieutenent-général d'artillerie, et CLAUDE-LOUISE,
» par madame Lenoir, épouse de messire Nicolas Dupré de
» Saint-Maur, chevalier, seigneur d'Argent, Remon, Ville-
» ron, conseiller du roi en tous ses conseils, maître des
» requêtes de son hôtel, intendant de justice, police et finances
» de la généralité de Bourges.

» La troisième cloche a été nommée MARIE, sous la pro-
» tection de la sainte Vierge, mère de Dieu. »

§

Les parrains et marraines des deux premières cloches étaient représentés par des personnes notables ; et pour la troisième *ont représenté* : Guillaume Barovaut et demoiselle Marie-Victoire Glaut.

§

Le marquis Brissonnet d'Oizonville, dont le nom figurait sur la cloche bénite en 1701, s'était rendu adjudicataire de la terre de Germigny, le 25 octobre 1683, aux requêtes du Palais.

Il mariait sa fille, Paule-Louise-Marie, à Jean-François-Angélique Frézeau de La Frézelière, premier lieutenant-général de l'artillerie, le 11 mars 1690.

La marquise de Bonneval, marraine de la grosse cloche avec Mgr Phélippeaux, était sa petite-fille.

La terre de Germigny, sortie de la maison de Bourbon depuis la trahison du connétable, fut érigée vers 1708 en marquisat, et devint l'apanage d'Hilarion Frézeau de Fréze-lière après la mort de son père, arrivée le 19 octobre 1711.

VII.

La Chapelle-Hugon.

Avant d'être érigée en paroisse, La Chapelle-Hugon possédait un prieuré. C'est là que l'an 1085 s'arrête le roi Henri pour signer une charte en faveur de l'abbaye de Saint-Victor de Nevers, *quam fecit liberam, et ab omni requisitione a se et de suis successoribus reddidit absolutam.*

Le prieur du lieu, le baron de La Guerche et le seigneur de Grossouvre prenaient chacun le titre de seigneur de La Chapelle-Hugon *en partie*, c'est dire que le clocher de l'église devait avoir au moins trois cloches.

A l'époque de la Révolution, le curé Maillet, bien qu'il eût été publiquement dénoncé pour avoir osé dire que les fêtes civiques étaient bonnes pour les gourmands et les ivrognes, voulut encore soustraire ses cloches aux réquisitions du district Il fit donc disparaître l'échelle qui s'adaptait au clocher; mais cet expédient ne fut que dilatoire, et bientôt il ne resta plus qu'une cloche dans l'église. C'est celle qui fut refondue en 1843.

§

Une des anciennes cloches avait été bénite le 7 décembre 1722. Le parrain avait été messire Paul de Grivel, chevalier, seigneur, comte d'Auroy, seigneur de Grossouvre et de La Chapelle-Hugon et autres lieux.

La marraine avait été dame Charlotte-Angélique de Bouzons, comtesse du Prat, et dame de Charantonnet et de Souschot.

Lesquels absents avaient désigné pour les représenter maître Claude Page, agent de messire le comte d'Auroy, et demoiselle Barbe Verger, veuve de François Haly.

Le procès-verbal était signé par Antoine Chevalier, curé d'Homery, en Nivernais; par André Haly, bourgeois de La Chapelle-Hugon, et Edme Perrey, greffier de la châtellenie.

Le curé officiant était Adrien Galland, qui a laissé son nom à une métairie sise en la paroisse et qui est appelée la Gallanderie.

§

Paul de Grivel.

Paul de Grivel était fils de Claude. La seigneurie d'Ourouër lui provenait du chef de son aïeule, Anne de Gamache, qui avait contracté mariage avec Éléonor-Hubert de Grivel.

Paul avait épousé Marguerite-Françoise Le Bourgoing de Faulin.

Il devint colonel d'un régiment, auquel il donna le nom d'Auroy au lieu d'Ourouër ; nous avons lieu de supposer que par cette transmutation nominale il voulut dissimuler un nom devenu tristement célèbre depuis l'assassinat commis, à l'instigation de Mme de Pont-Corlet, sur la personne du comte d'Ourouër, son mari ; laquelle dame eut la tête tranchée en même temps que le marquis de Canillac, aux grands jours de Clermont, 1665.

§

La cloche qui existe actuellement pèse 1,030 livres.

Elle est due à M. le comte Aguado ; elle se nomme VICTOIRE, qui est le nom de Mme la marquise sa mère, décédée à Paris, le 18 janvier 1867.

Voici l'inscription :

J'AI ÉTÉ NOMMÉE VICTOIRE
PAR LE Cte OLIMPIO-GONZALO-CLEMENTE-ALEXANDRE AGUADO,
PROPRIÉTAIRE DE LA TERRE DE GROSSOUVRE (CHER).
MARIA-DEL-CARMEN-VICTOIRE MORENO, MARQUISE DE LAS
MARISMAS, 1843.
SOUS M. ANNEQUIN, MAIRE DE LA CHAPELLE-HUGON.

Le nom des fondeurs : Petitfoust frères, a Arbot (Haute-Marne), est écrit sur un ruban enlacé et flottant.

Des sujets de chasse, d'une bonne exécution, encadrent l'inscription.

Nous ne supposons pas que ces dessins cynégétiques aient été choisis parce que dans l'intérieur de l'église existaient autrefois un autel et une statue dédiés au *très-glorieux* saint Hubert, pour lequel les paroissiens de La Chapelle-Hugon avaient une dévotion toute particulière. D'après la légende :

Le bienheureux dont Dieu est amoureux délivrait de quatre grandes choses : l'ennemi, la sarpent, le chien et le loup quand on voyage.

VIII.

Apremont.

L'église primitive d'Apremont avait été élevée par Guillaume des Barres, seigneur de La Guerche, en 1217. Vers la fin du quinzième siècle, Philibert de Boutillat la transforma en partie, en prodiguant le style ogival.

Une nouvelle église ayant été construite au milieu du bourg, en 1861, le vieux monument a dû disparaître en laissant au cimetière du lieu l'emplacement qu'il occupait.

La cloche, qui datait de 1612, a été respectée ; c'est elle qui fait encore entendre sa voix argentine aux riverains de l'Allier.

Voici l'inscription dont elle est revêtue et que surmonte une croix tréflée :

IHS. SANCTA MARIA, ORA PRO NOBIS.
EN L'A 1612.
F. DE ROFFIGNAC PARRAIN.
A. DVPLESSIS MARRAINE.

§

François de Roffignac, seigneur de Bouis, Marsenat, Chaumigny, se rendit adjudicataire de la baronnie d'Apremont, par décret du 5 mars 1603.

Il était fils de Guy de Roffignac, seigneur de Meaulce et de Saïncaize, et était conjoint à Anne-Françoise Duplessis, qui posa la première pierre de l'église des Carmélites, à Nevers.

De ce mariage naquirent deux fils : François et Charles, et deux filles, Marie et Madelaine ; le premier demeura seigneur d'Apremont, le second devint prieur de Saint-Saulge, et Marie fut marraine d'un fils de maître Adam Billaut ; Madelaine entra au couvent des Carmélites sous le nom de Marie-Thérèse de l'Incarnation.

§§

La possession d'une cloche était un droit émanant du paroissiage. Les chapelles castrales n'avaient point le même privilège que les églises ; nous pouvons citer une ancienne charte bretonne dans laquelle la restriction est formulée : *Nos concessimus ut capellanum et capellariam possit dictus miles in hebergamento construere* SINE CAMPANA.

La chapelle du château d'Apremont, que le bailli du Nivernais, pour complaire à sa fille Catherine de Boutillat, alors abbesse de Nevers (1), avait placée sous le vocable de sa patronne, avait droit à une campane qui se faisait entendre régulièrement deux fois par semaine. Deux messes y avaient été fondées qui se disaient, l'une le lundi et l'autre le vendredi.

(1) M. de Saintemarie s'est trompé en indiquant l'année 1413 comme étant l'époque où Pierre de Fontenay inquiéta, sans raison, Catherine de Boutillat, au sujet d'une procession hors de son monastère. Pierre de Fontenay ne devint évêque de Nevers qu'en 1461.

La cloche qui se trouve à l'entrée de cette chapelle provient du château de Neuvy et porte l'inscription suivante :

L'AN DE GRACE 1786.
HAUT ET PUISSANT SEIGNEUR CHARLES-PAUL SAUCORITAIN, COMTE DE SAINT-SAUVEUR, OFFICIER DU ROI, ET TRÈS-HAUTE ET TRÈS-PUISSANTE DAME ADÉLAIDE-JOACHIM-AUGUSTINE, ÉPOUSE DE CHARLESSÉBASTIEN-ANTOINE, COMTE FERRERO FIESCI DE MASSERANO, FILLE DE JOACHIM-CASIMIR DE BETHUNEPOLOGNE.

§

Le comte de Saint-Sauveur, ci-dessus nommé, était fils de Joseph-Marie de Raphelis, marquis de Saint-Sauveur, inspecteur général de cavalerie et dragons, qui devint seigneur de Neuvy par son mariage avec Jeanne de Bard.

Il se distingua lors des troubles de Nancy et fut nommé chevalier de Saint-Louis. Il devint maréchal-de-camp et commandeur de la Légion-d'Honneur.

Il avait épousé, en 1801, Charlotte-Marie-Jacob-Augustine Ferrero Fieschy de Masserano, fille d'Augustine de Bethune-Pologne et du prince de Masseran.

Il mourut à Paris, le 7 décembre 1839.

IX.

Cuffy.

La cloche de l'église de Cuffy porte l'inscription suivante :

L'AN 1786 J'AI ÉTÉ BÉNITE PAR MESSIRE JEAN-MARIE DUC, ANCIEN CHANOINE DE LA COLLÉGIALE ROYALE DE MONTLUÇON, PRÊTRE ET CURÉ DE CUFFY.

PARRAIN, MESSIRE JEAN-FRANÇOIS DE BERTHIER, CHEVALIER, SEIGNEUR DU VEUILLIN, NAVENON ET AUTRES LIEUX, CHEVALIER DE L'ORDRE ROYAL ET MILITAIRE DE St-LOUIS, ANCIEN CAPITAINE DE CAVALERIE.

MARRAINE, DAMOISELLE MARIE-ANNE BERNARD DE PRESLE, FILLE DE Mre BERNARD DE PRESLE, OFFICIER COMMENSAL DE LA MAISON DU ROY, SEIGNEUR DANS LE COMTÉ DE PRÉMERY ET AUTRES LIEUX ; ET DE DAME JANNE-MARGUERITE LANOSE.

M. LOUIS DUBOIS SYNDYC, FABRICIEN ET ANCIEN PROPRIÉTAIRE DE LADITE PAROISSE.

MONET MARGUILLIER.

F. ET JOSEPH BAUDOIN MON FAITS.

§

Jean-François-Claude de Berthier devint seigneur du Veuillin et Navenon par son mariage avec Hélène de Berthier, sa cousine.

De cette union naquit Jeanne de Berthier, qui épousa, le 21 avril 1789, Louis-Gabriel-Charles-Claude du Verne, lieutenant de vaisseau de deux divisions de l'escadre, chevalier, seigneur d'Orgues.

Anne Bernard de Presle épousa, le 11 janvier 1791, Jacques-Henri Viau Baudreuille, capitaine au régiment de Touraine.

Bernard de Presle avait été grand messager juré de l'Université de Paris, et grand panetier commensal de la maison du roy.

§§

Comme nous avons recueilli sur les anciennes cloches de Cuffy en particulier, et nous pourrions presque ajouter sur l'ésthétique des cloches en général, des détails intimes qui pourront plaire au lecteur, nous lui demandons la permission de lui présenter le bonhomme de marinier que nous qualifions de : UN AMI DES CLOCHES.

§§

Un ami des cloches.

Naguère vivait au Bec-d'Allier un des derniers débris de l'ancienne corporation des mariniers; il était connu sous le nom de France Belloche.

Le Bec-d'Allier a été cité par Froissard dans ses chroniques, et le voyageur Jacobus Sincerus n'a garde d'omettre dans son *Itenarium* le lieu où la rivière de l'Allier, par un dernier détour (*rostro-beck*) semble vouloir retenir les eaux qu'elle verse dans la Loire, et perpétuer ainsi le souvenir de son nom. ***E re nata nuncupatur Pagus.***

La position exceptionnelle de ce confluent a dû dans tous les temps y attirer les nautonniers et les marchands cabaniers; aussi, depuis l'époque où le commerce de la Gaule se pratiquait par la fréquentation des fleuves, bien des *Nautes* ou délégués des *Hanses*, bien des gagne-deniers-sur-eau, sont-ils venus tour-à-tour demander à ce rivage la prospérité de leur besogne au fait de métiers et marchandises.

Si pourtant, comme dans la cité séquanaise, l'archéologue n'y a point rencontré un autel consacré à quelque déité païenne, il peut au moins y signaler l'existence d'une chapelle édifiée de haute antiquité en l'honneur de saint Nicolas, patron des mariniers, « laquelle, dès l'an 1624, était déjà » en état de ruines. »

C'est donc au Bec-d'Allier, qu'était venu abriter ses derniers jours, le modeste personnage que nous nous permettons de présenter au lecteur, comme un reflet de ces types que l'envahissement de la civilisation appelé le progrès a fait disparaître de nos contrées. — Ceci a tué cela !

Depuis bien des années déjà France Belloche avait pour toujours abandonné la direction de la piaute et le doux chemin du *Paradis*. — C'est ainsi que le cours de la Loire, entre le Guétin et La Charité, était désigné au temps de Sincerus,

— par opposition au rude chemin réservé aux voituriers par terre, et qui conserve encore aujourd'hui le nom de rue d'*Enfer*.

Content de peu, il savait vivre heureux. Sa maisonnette était adossée au talus de la chaussée riveraine qui lui servait de promenoir, *atrium impluviatum;* un cep tortueux la garnissait de ses pampres, et près de la porte, sous le feuillage et les cocardes des roses trémières, se cachait à demi une ancre que rongeait la rouille.

Dans le val plantureux, il avait son jardin palissadé des débris d'un bateau ; et de sa fenêtre il pouvait voir, sur le coteau de la rive opposée, verdir en été et rougir à l'automne les fruits de sa bonne vigne, *et presidium et dulce decus suum !*

Enfin, là, près du bord où venait murmurer la rivière, stationnait bien réparé, bien lustré de goudron, son cher petit bateau qu'il caressait du regard. Ainsi, le vétéran reste fidèle au coursier qui a partagé ses périls.

C'était un beau vieillard que notre marinier ; sa figure exprimait ce sourire si doux, privilége de l'âge avancé et d'une conscience satisfaite ; sa voix était rauque et brève, sa démarche prudente, presque solennelle. Une cravate négligemment nouée flottait sur une rude chemise que rattachait une grosse fibule d'argent ; à ses oreilles brillait un cercle d'or ; l'ancre traditionnelle s'écartelait et sur l'or et sur l'argent.

Un vieillard est une ruine vivante ; comme dans les anciens châteaux, il y revient des esprits ; l'archéologue aime à interroger toutes les ruines.

Le bonhomme me fournissait de précieuses indications sur les temps passés ; il me faisait pénétrer dans la vie intime, en me révélant avec une charmante certitude les infinis détails de la monographie locale.

J'aimais à l'écouter quand il disait les bonnes histoires

> Qu'il avait su rapporter des bateaux,
> (GRESSET.)

et le bon vin qui coulait dans les brocs de faïence, et la bonne odeur de l'officine de la carrée (1); et surtout ces anciennes chansons où saint Nicolas, — le plus grand saint après Dieu ! — n'était jamais oublié (2) !

J'acceptais volontiers, sans le contrarier, les idées qu'il émettait sur les hommes et sur les choses. Un jour pourtant, voyant qu'il tenait rigueur aux distributeurs des ci-devant districts, parce qu'ils avaient placé le Bec-d'Allier dans le département du Cher, au lieu de le laisser à la Nièvre, je lui fis observer que la Loire était une limite bien naturelle. — Bath ! reprit-il, est-ce que pour la traverser les bateaux n'étaient point inventés avant votre révolution ? — Puis il ajouta : — Il y a plus de trois cents ans que j'habite le Bec-d'Allier..... de père en fils. — Nous avons toujours été Nivernais, et je mourrai Nivernais. — Est-ce que par hasard j'entends sonner ici les cloches de Saint-Amand ou celles de Bourges? tandis que chaque jour s'en viennent me parler mes bonnes cloches de Nevers ! Oh ! voyez-vous, j'ai toujours tant aimé l'harmonie des cloches !..... Quand l'été est venu et que j'ai détaché mon bateau pour aller visiter ma vigne, je ne reviens jamais qu'à l'heure où l'*Angelus* du soir va sonner dans les paroisses voisines. Celui-là n'a point connu tout ce que peut apporter à l'âme la voix mystérieuse de la cloche, s'il ne l'a pas écoutée à l'heure où tout est calme, et qu'autour de lui miroitent les eaux de la rivière.

§

Plus d'une fois j'avais remarqué que le bonhomme se plaisait à placer dans un petit coin de ses récits quelques images ou citations empruntées à la sonnerie des cloches. Mais je n'avais jamais cherché à pénétrer le motif de cette fantaisie.

---

(1) Carrée, — dalle devant la cabine où l'on prépare la cuisine du bateau.

(2) Dans la chanson de gestes du troubadour Rambaud de Vachères, parti pour la croisade, on disait : « Allons à Bethléem comme Guy, » Gaspard et Melchior; puisse saint Nicolas guider nos flottes. »

Les poètes et les peintres n'ont-ils point la couleur et la manière qui leur sont propres?

Un jour je fus appelé à lui demander officieusement son nom, et j'appris que celui de Belloche n'était qu'un *cognomen!* Comme il devinait ma surprise à demi interrogative : — Je vous raconterai, si vous le désirez, me dit-il, l'origine de mon sobriquet; c'est presque une histoire.

Le marinier du Bec-d'Allier parla ainsi :

§§

Dans la marine, chacun de nous a son nom de guerre; c'est le plus souvent un sobriquet octroyé ou infligé sans origine bien déterminée. Vulgaire et facile, il se grave dans la mémoire, et bientôt il usurpe le véritable nom, qui finit par disparaître.

Parmi ces surnoms, il en est de terribles; mais, bon gré, mal gré, il faut s'y soumettre; ils servent au moins à distinguer les divers membres d'une même famille.

Il y a eu par exemple la famille des Nicot qui a chuté en quenouille après avoir régné trois cents ans dans ces contrées; ma grand'mère en provenait; eh bien! il me souvient lui avoir entendu débiter, dans une espèce de psalmodie presque évangéliaire, la descendance des Nicot avec leurs sobriquets; il y avait Nicot Coustille, Nicot la Vague, Nicot Fulminette, Nicot Pied-de-Vigne; j'en passe et des plus drôles. J'étais bien jeune alors, et je n'ai point retenu tous ces *autem genuit*.

Mon père avait une vraie prédilection pour le son des cloches; il lui fut aisé de me faire partager son culte religieux pour cette voix qui venait d'en haut. Tout enfant que j'étais, une cloche me semblait posséder une harmonie surhumaine, je devenais rouge de plaisir en l'écoutant, je lui battais des mains, je lui répondais en faisant l'écho.

Ces premières émotions développèrent mon enthousiasme : et ce travers, peut-être exagéré, me valut le surnom de Belle-

Cloche, qui petit à petit se trouva transformé en celui de Belloche.

Mon père connaissait une infinité d'histoires particulières sur les cloches et les clochers d'alentour. Combien de fois nous a-t-il raconté comme quoi la cloche de Fontmorigny tintait d'elle-même quand un moine de cette abbaye allait de vie à trépas.

Comme quoi, en plein hiver, la foudre éclata sur la haute flèche du clocher de Germigny, laquelle se mit à brûler comme un cierge, et précipita les cloches dans la font Saint-Espin, où le jour des Rameaux elles font entendre encore un carillon souterrain.

Il nous disait aussi que dans un des gours de la Loire se trouvait submergée la cloche de l'ancienne église de Dompierre, et qu'à La Guerche, quand une âme s'en allait en peine, on entendait dans le profond de la Font-Naturelle tinter une cloche dont le battant était mû par une anguille.

J'écoutais avec avidité ces récits pleins de mystères et de superstitions. Oh! vraiment, il faisait bon de les ouïr conter à la veillée du dimanche, quand devant le foyer chauffait pour tous un grand vase rempli de vin qui était distribué avec des fragments de pain grillé. — C'est là une espèce d'agape familière aux mariniers de Loire qu'ils désignent sous le nom de *Ramequint*, peut-être parce qu'il est censé devoir quintupler les forces du rameur ?

— France, me disait alors mon père, fais bien attention ; offre à ta bonne grand'mère cette tassée ; — mais avant poivre-la hardiment de sucre.....

Les jours de la semaine se passaient dans le port, sur les bateaux que mon père était chargé de *palatrer*, de ferrer de *mousse*, de *gavetter*, après en avoir *escopé* le *sanquineau*.

Il me semble encore le voir suspendre un moment son travail pour prêter l'oreille au son des cloches que lui apportait la brise de *matineau* ou de *galerne*.

Oh! à cette époque il y en avait du métal suspendu dans les

tours et clochers des dix églises et des onze couvents de la ville (1) !

Mon père savait distinguer tous les divers carillonnages, comme le cavalier sait reconnaître les sonneries de la trompette.

— Ecoute, France, me disait-il parfois, voilà Saint-Sauveur qui parle gaillardement..... C'est un mariage..... Sans doute quelque marinier de la paroisse qui s'en va en *vallant* se mettre en couplage..... Bonne chance.

— Ha ! ha ! reprenait-il après, qu'est-ce que j'entends ? — La Princesse accompagne tristement la Présidente ? — Je me trompe, c'est la Chanoinesse. — Je parie que c'est quelque gros personnage qui vient de rendre l'âme ?.... Ce doit être quelque vieux chanoine..... Celui-là ne laisse pas de misère après lui.... il trouvera bien un successeur. — Au chapitre il ne faut pas une voix de moins.

Puis, tout en continuant à frapper sur ses gavets, il disait : — Voilà la campane d'un couvent qui tinte : c'est *pour être à se trouver en assemblée.* — Voilà une cloche qui est copetée en temps d'un *Ave Maria* : c'est un service de mort. — Il m'a répété aussi bien des fois les noms que les compagnons mariniers du rivage de Nevers se plaisaient à donner aux cloches de la cité ; — c'était la Grande-Gueularde et la Sermonière pour Saint-Cyr, — la Long-Diseuse pour les Jacobins ou Frères-Prêcheurs, et la Babillarde pour l'Abbaye. Il me disait : — Voilà la Joliette, — le Bramepain, — la Bien-Pendue, — voilà le Branle-Bouche des réfectoires. — Je ne saurais plus aujourd'hui faire la répartition de toutes ces appellations. — Branle-*Bouche* n'était pas la vraie désignation. — Néanmoins deux souvenirs particuliers sont demeurés gravés dans ma mémoire :

J'ai assisté à la naissance de ma belle *Marie-Anne*. J'ai vu périr *Henriette de Clèves* et massacrer *Marie d'Albret*...... Pauvres princesses !

(1) Le métal destiné à la fonte des cloches entrait en franchise dans la ville.

§

Après avoir prononcé ces mots avec une certaine dignité, le bonhomme se leva lentement et descendit l'escalier qui, accolé à sa maison, suivait le rampant de la chaussée.

Pendant sa courte absence je me hâtai de prendre quelques notes, et le millésime 1667 inscrit sur le socle d'un saint Nicolas de faïence qui ornait la cheminée.

Le vieux marinier remonta bientôt. Ses yeux brillaient ; il tenait à la main une bouteille qui semblait avoir été plongée dans une eau pétrifiante.

— Je veux, me dit-il, vous faire goûter au vin de ma vigne. Deux crues décennales ont déposé sur ce verre la robe limoneuse dont elle est revêtue. — L'enveloppe de notre âme a été faite de limon ! Vous le voyez, ma maison n'est pas exempte des visites de la Loire; je ne lui en veux pas ; la Loire ne mange pas ses enfants. Noé avait son arche, le marinier a son bateau, toujours prêt à le conduire sur l'autre rive.

Du nom de Noé au produit de la vigne il n'y avait que la main..... et le bonhomme me servit dans une tasse d'argent côtelée en coquille un premier essai de la provenance de son bon crû.

— Votre vin, lui dis-je, est aussi bon que vos récits sont intéressants.

C'était une façon de ramener le narrateur au sujet qui piquait ma curiosité.

Le vieux batelier vida son verre exactement, et continuant à faire un peu louvoyer sa causerie : — Hélas ! dit-il, la jeunesse d'à présent se moque parfois du père Belloche et de ses histoires. Il est admis qu'un homme qui additionne huit dizaines ne peut dire que des sottises ; j'y consens, mais encore vaut-il mieux en dire qu'en faire ! Par exemple ne s'est-on pas avisé de chanter la messe en français dans notre église de Cuffy..... — Mauvaise messe....., bonne tout au plus pour le cabaret de la place qui désaltérait les curieux..... Mais revenons à mes cloches, à mes princesses.

Je vous disais que j'avais assisté à la naissance de Marie-Anne; c'est le nom de la cloche qui a sonné quand je me suis marié il y a plus de cinquante ans; c'est elle encore qui sonnera quand le père Belloche quittera sa barque *pour passer dans celle à Caron*, ainsi que nous chantions autrefois.

Le bonhomme puisa dans cette réminiscence bacchique un prétexte pour remplir son verre, et continua ainsi :

Jadis, c'était une affaire importante et sérieuse que la fusion d'une cloche. C'était un événement solennel dans la paroisse. On attachait à cette œuvre un sentiment de piété mêlé d'un certain orgueil local; et chaque habitant voulait y contribuer en apportant au creuset quelque débris de vieil airain.

Les cloches ont pour les bonnes âmes un langage mystérieux. On a dit de tout temps qu'un clocher sans cloche était une cage sans oiseau; la voix de la cloche a quelque chose de la voix du canon; l'une et l'autre élèvent et transportent l'homme au-dessus de lui-même; aux deux on attribue une âme (1).

Il y avait bien des années que la paroisse de Cuffy n'avait pas assisté à la cérémonie de la fonte et du baptême d'une cloche. Au mois d'août 1786, la fabrique de Saint-Maurice avait donc décidé que l'on mettrait à la refonte une de ses cloches qui datait d'un roi ou d'un empereur surnommé le Chauve. — Comme vous le voyez, c'était une cloche qui se souvenait de loin et qui avait parlé à bien des générations.

Pour cette opération on s'était adressé à un fondeur nommé Baudoin (2), qui déjà avec succès avait fourni une cloche à Germigny; il était du pays de Lorraine.

Il advint que mon père se trouva en relation avec ce maître saintier (3); il avait amené pour lui quelques saumons de

---

(1) L'abbé Beulant, auteur de l'*Histoire de Chantelle*, compare le son de la cloche de sa paroisse au chant de la *Marseillaise !!*

(2) Il se nommait Louis. Son père J.-B. avait fondu en 1753 la cloche de Garchizy.

(3) Les cloches ont été aussi appelées saings, — *signum* — d'où *tocsin*; *campanam pulsare ad martellum*.

cuivre et d'étain achetés à La Charité, et il lui avait procuré toutes les pièces de charpentage nécessaires pour établir sur la place de l'Église la *fosse* et le *mouton*.

M. Baudoin venait quelquefois à la maison, et mon imagination d'enfant transformait ce maître fondeur en une espèce d'homme doué d'un pouvoir presque surnaturel.

Quand il entretenait mon père des détails de son opération, les mots étranges qu'il employait me semblaient sentir un peu la sorcellerie ; il parlait de la *fausse cloche* (1), de la *chappe* et du *noyau*; il nous disait les noms des diverses parties qui composent la cloche : le *cerveau*, la *gorge*, la *panse*, les *faussures*, les *quinze bords* et le *bâton de Jacob* qui n'a rien de commun avec cette fleur que vous apercevez là, levant la tête à la hauteur de la fenêtre !

Pourriez-vous croire qu'un jour pour son moulage il eut recours à la jument grise de M. le Curé et à la vache de la mère Bousoute la cabaretière ? — Ce n'était pas pour avoir du lait !

Une autre fois, mon père lui apporta de Nevers toute une pharmacie : de la graisse, de la cire, de la poix blanche et de l'huile de pavot, que sais-je ?..... le tout pour confectionner ses inscriptions : — un vrai sortilége ; il n'y manquait que les herbes de la Saint-Jean.

Enfin, le grand jour arriva : le jour de la coulée ! C'était un lundi ! Jugez combien j'étais fier et heureux : M. Baudoin m'avait fait pénétrer dans l'enceinte réservée. Je me souviens encore de la stupéfaction de mes camarades qui me regardaient d'un air d'envie ; — j'ai toujours eu un peu en soupçon que le sobriquet de Belle-Cloche, qui m'est resté, a pris son origine dans ce sentiment de petite jalousie naturel aux enfants.

Le syndic de la paroisse et le procureur-fabricien présidaient à cette cérémonie, à laquelle une grande foule assistait.

---

(1) La fausse cloche est l'espace laissé libre pour le moulage.

Le fourneau était en activité, un panache de fumée mêlé d'étincelles passait sur nos têtes ; M. Baudoin était superbe..... il allait et venait, mêlant le métal doux au métal fort, comme un être inspiré. Il avait l'œil à tout, et s'assurait du fonctionnement des *jets* et des *évents*.

Bien qu'il eût bon espoir dans le succès de son œuvre, on devinait qu'il redoutait les *soufflures*, les *reprises*, les *retirures*, les *friasses*, les *gauchissements*, enfin toutes les mésaventures qui attendent assez souvent le malheureux opérateur et qui ont donné lieu au dicton railleur : *Étonné comme un fondeur de cloche.*

Le plus grand silence avait été recommandé. La fournaise s'activait toujours, et le public attendait.

Cependant, quelques voix à moitié comprimées laissèrent échapper ces mots : Le voilà ! le voilà !

C'était, en effet, le parrain de la nouvelle cloche qui arrivait pour assister à sa naissance.

Il s'avança lentement, appuyé sur une longue canne à pomme d'or, tandis que son autre main se tenait posée dans les plis de sa veste d'écarlate. S'étant approché du creuset où bouillonnait le métal, il se mit à y jeter une à une plusieurs pièces de six livres. Chaque écu en tombant sur la lave incandescente produisait une tache blanche accompagnée de pétillantes étincelles, et disparaissait comme eût fait un flocon de neige. On prétend que c'est à cette rosée de pièces de six livres que notre cloche doit son joli son argentin.

Le métal, enfin, fut dirigé dans le bassin de la coulée, et au même instant les cloches de l'église commencèrent une douce harmonie ; les notes légères volaient en l'air comme une nuée d'abeilles et de papillons ; c'était pour saluer la bienvenue de leur nouvelle sœur.

Le métal coulait toujours sans aucun accident, et bientôt, d'un geste solennel, le maître saintier, levant l'épée de maîtrise qu'il avait droit de porter aussi bien qu'un maître verrier, annonça à la foule qu'il répondait de la réussite.

Les cloches de l'église redoublèrent alors leur plus puissant octave; c'était comme un chant de Noël ; elles semblaient célébrer un avènement. Les feuilles de lierre qui verdissaient le clocher s'agitaient comme sous une légère brise, et la foule mêlait aux joyeuses palpitations du clocher ses nombreuses acclamations.....

Le peuple aujourd'hui n'a plus de ces bonheurs-là.

. . . .

Le marinier, après un moment de mélancolique réflexion, reprit son récit :

— L'eau de la Loire, dit-il, ne cesse point de couler et d'aller en vallant ; mais ce n'est plus l'eau de la veille qui passe aujourd'hui, tantôt en *mer*, tantôt en *galerne*. Le vieux Belloche a dû assister à bien des changements de toute nature ; après chaque crue il faut changer de balise, et notre rivière présente souvent le profond là où était le sable, et jette le sable là où était le profond.

Je ne vous raconterai point la cérémonie du baptême de la cloche, qui eut lieu le 5 septembre 1786.

Le parrain fut messire Jean-François de Berthier, seigneur du Veuillin, et la marraine demoiselle Marie-Anne Bernard de Presle.

La cloche fut bénite par Jean-Marie Duc, curé de la paroisse. Qui eût dit alors que quelques années plus tard, le 7 novembre 1793, notre pauvre vieux curé serait forcé d'opter entre une transportation à Nantes ou un mariage officiel qui le rendrait civilement beau-père de la marraine ?

Hélas ! oui, il était survenu dans notre France une époque de fol enivrement et de terreur ; chacun pouvait, ainsi que les anciennes cités, abandonner le nom qui lui était propre. Un habitant de Neuvy-le-Barrois avait le malheur de s'appeler *Roi*. Il vint trouver le citoyen maire pour déclarer que désormais il renonçait au nom humiliant qu'avait porté son père, et qu'il prenait le nom de Montagnard.

Notre curé lui-même portait un nom de haute et suspecte féodalité qui contrariait l'orgueil démocratique ; il fut contraint d'en changer la prononciation ; il se fit appeler *Dué*.

C'est que, voyez-vous, chacun alors avait perdu un peu la tête, et pour ne la point perdre complètement, le curé de Saint-Maurice, à l'âge de cinquante-huit ans, contractait un soi-disant mariage avec Anne-Marguerite Lanose, veuve de Hubert de Presle, âgée de soixante-cinq ans.

Mieux valait, disait alors mon père, ce simulacre de mariage officiel, que celui que le vieux prêtre eût été forcé de contracter à Nantes. — Pauvre cher homme, on dit que sans quitter sa paroisse il errait parfois autour de son église abandonnée, et qu'il répétait la devise d'un duc de Berry : *Le temps vinra*..... Le temps revint enfin, et le curé Duc était nommé desservant d'Ourouër, au diocèse de Bourges.

Mais avant ce rétablissement les portes du temple demeurèrent ouvertes à bien des profanations. Les jeunes filles n'y tiraient plus un bon billet pour obtenir la dot annuelle qui avait été fondée par Henriette de Clèves, mais les garçons y tiraient au billet noir ou blanc pour partir à la guerre. Les solennités du culte n'étaient plus annoncées avec la gloire du ciel; Dieu était oublié : plus de fête de saint Maurice, plus de saint Nicolas ; les cloches demeuraient silencieuses.....; tous les jours ressemblaient à un vendredi saint.

C'est peu ; bientôt paraissait un décret (1) qui prescrivait de ne laisser qu'une seule cloche dans les ci-devant paroisses ; les autres devaient être livrées au pouvoir exécutif.....

La châtellenie de Cuffy, vous le savez mieux que moi, faisait partie du domaine de Nevers, et les princes de cette maison aimaient à séjourner dans le puissant château dont vous admirez les ruines imposantes. Naturellement, les habitants se ressentaient de leur influence protectrice. Marie d'Albret surtout, qui avait ici reçu le jour, a laissé un lointain souvenir de sa bonté. Après plusieurs siècles, son nom est demeuré encore vivace, et aujourd'hui bien des paroisses voi-

(1) Camille Jordan osa protester dans le Conseil des Cinq-Cents contre la mesure qui abolissait l'usage des cloches; on ne l'écouta point et on l'appela Jordan-le-Clocher.

sines vous diront que la cloche de leur église est due à la générosité de la bonne comtesse.

Il y avait donc, à l'époque de la Révolution, trois cloches dans le clocher de Cuffy ; l'une se nommait Marie d'Albret, une autre portait le nom d'Henriette de Clèves. Ces noms, au lieu de les protéger, furent peut-être la cause de leur perte !..... Pauvres princesses..... mes yeux les ont vu massacrer !

Un jour arrivèrent à Cuffy deux délégués de la société populaire de La Guerche ; c'étaient les nommés Pajot et Bernot ; ils venaient faire exécuter le décret. Les deux cloches furent démontées et amenées près du port, où les attendait un bateau destiné à les conduire à Digoin et de là à Ville-Affranchie : c'est ainsi que Lyon se dénommait.

Mais, avant d'être embarquées, ces cloches devaient être brisées. J'ai été témoin de cette double exécution, qui eut lieu sur la levée, là-bas précisément à cet endroit où vous apercevez ce groupe de petites filles qui dansent en rond.

Malgré une réquisition formelle, aucun marinier ne voulut se charger de cette besogne sacrilège ; mais un boucher vint offrir son service. — Des bouchers, on en trouve volontiers disposés à toute espèce d'exécutions.

C'était à l'heure du soleil couchant ; l'homme de sang était là, les bras nus et tenant sur son épaule une pesante masse de fer ; il se donnait la pose d'un hercule de la foire.

Tout près de là se trouvait déposée une pile de bois entrecroisés. Je parvins à m'y blottir, et, plus mort que vif, je pus suivre toutes les péripéties de cet étrange spectacle.

On commença par la princesse Henriette. Un énorme tronc d'arbre délaissé par la grande crue, et qui servait d'amarre aux bateaux, fit l'office du billot ; on inclina la malheureuse de manière à faciliter la brisure ; puis, l'œil hagard, les cheveux hérissés, l'exécuteur, après avoir fait décrire des cercles rapides à la masse qu'il tenait, frappa un seul coup, et la victime tomba en morceaux..... Sur l'autre rive se fit entendre un gémissement semblable à celui d'une brebis qu'on immole !.....

Cette cloche avait été présentée à notre église à l'occasion du mariage de la jeune Henriette de Clèves avec le prince Ludovic de Gonzague. — Elle était en métal tendre.

Le boucher semblait fier comme un triomphateur !.....

Ensuite arriva le tour de Marie d'Albret ; mais celle-ci était d'une autre trempe ! Chaque coup de masse rebondissait sur l'airain frémissant..... L'exécuteur écumait de honte et de colère ; il redoublait en vain ses coups précipités ; le métal fort résistait toujours, et l'écho répondait à chaque coup par une sonorité étrange..... Le boucher tournait autour de sa victime, et reculait pour revenir frapper avec plus de violence. Son pied vint par mégarde ébranler la pile de merrain qui me tenait caché..... Je me croyais perdu.....

Il fallut alors avoir recours à un stratagème : on s'avisa de mouiller des cordes avec lesquelles on entoura la cloche, qui perdit ainsi son élasticité métallique. Ce moyen réussit, et sous l'effort d'un dernier coup Marie d'Albret, cédant au honteux supplice de la corde, fut mise en pièces..... La rive opposée fit entendre comme le mugissement d'un taureau.

. . . .

Pendant la nuit je me glissai près du bateau qui devait emporter ces tristes débris, et je parvins à dérober un morceau de l'une et de l'autre cloche. On les conserva à la maison comme de saintes reliques.

. . . .

Je quittai le pays pendant quelques années ; en revenant, j'appris que le boucher avait succombé dans les angoisses d'une maladie inconnue, et que sur son lit de mort il poussait des cris inarticulés imitant le bêlement de la brebis..... et le mugissement du taureau !.....

Après avoir prononcé ces dernières paroles, remplies d'une fervente émotion, le bonhomme se leva lentement, et du même tiroir d'où il avait sorti pour moi sa vieille tasse d'argent, je le vis retirer deux morceaux de bronze revêtus de ce beau vert-pâle si cher aux artistes ; en les déposant sur la table une larme s'échappa de ses yeux.

— Voilà, me dit-il, ce qui reste d'Henriette de Clèves et de Marie d'Albret!

. . . .

§

L'heure était venue de quitter le Bec-d'Allier.

Le brave marinier m'avait appris en peu d'instants plus de choses que bien des gros livres n'auraient su faire. Comme, en lui disant adieu, je lui demandais la permission de venir le revoir. — Revenez, me répondit-il avec un sourire mélancolique, mais ne tardez point trop..... Il y a longtemps que je suis vieux; il faut bien que vieillesse se passe à son tour. La cloche que j'ai vu baptiser et qui a si bellement sonné lors de mon mariage, va bientôt tinter mon dernier sacrement.

J'avais à peine fait quelques pas que le bonhomme me fit signe de revenir : — Tenez, dit-il, après moi, j'ignore ce que pourraient devenir ces reliques; entre vos mains elles seront bien placées; acceptez-les et souvenez-vous quelquefois du vieux marinier France Belloche.....

Un antiquaire n'a jamais refusé l'épave que le hasard a pu lui offrir; c'est toujours à la craie blanche qu'il inscrit un nouvel objet dans son catalogue.

Voilà comment je puis montrer aux regards des curieux, deux morceaux de bronze provenant des anciennes cloches de Saint-Maurice de Cuffy.

Sur l'un on distingue encore trois lettres :

HEN.

C'est tout ce qui reste de

HAVLTE ET PVISSANTE PRINCESSE
HENRIETTE DE CLÈVES, DUCHESSE DE NEVERS,

. . . .

Laquelle de son temps, m'avait affirmé notre ami des cloches, *avait été la plus belle princesse du monde!*

Henriette de Clèves.
Page 54.

Plan du château de Cuffy.
Page 125.

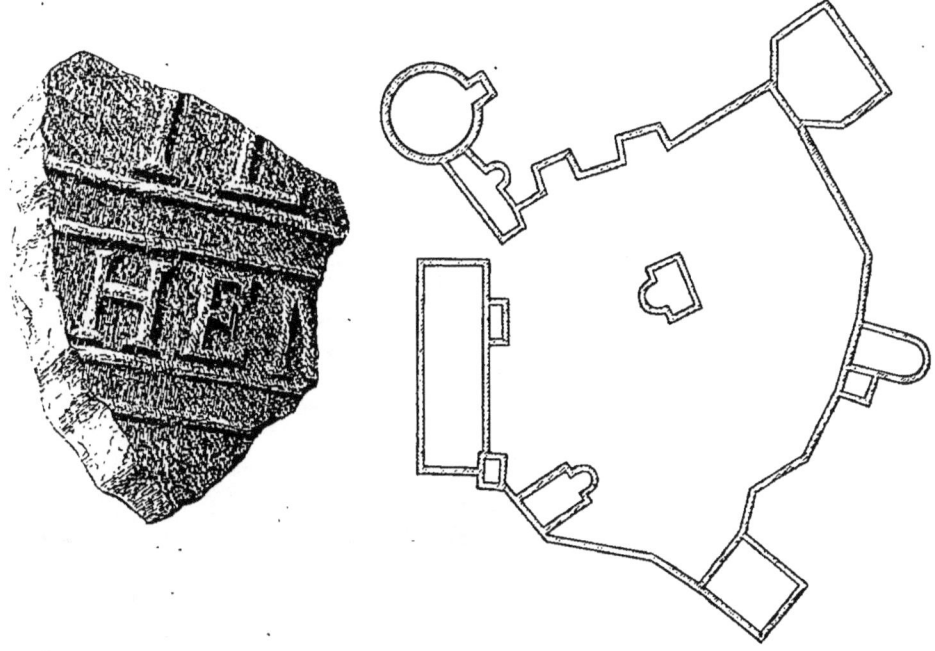

Page 45

Croix de consécration en l'église de Cuffy.
Page 74.

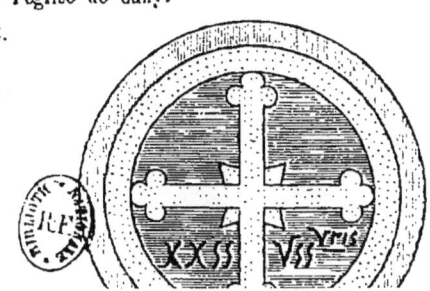

ÉPIGRAPHIE MURALE.

Nous l'avons dit humblement : nous ne possédons point d'inscriptions qui puissent donner lieu à des déductions précieuses pour l'histoire générale; nous ne pourrons offrir aucun de ces intéressants problèmes qu'on rencontre en épigraphie, et que l'on aime à discuter, sinon à résoudre; *de minimis loquamur*. Nous nous en consolerons en disant que l'histoire est dans tout, comme tout est dans l'histoire.

I.

Le Gravier. — La Guerche.

L'église Saint-Etienne du Gravier et la chapelle Saint-Blaise de La Guerche, contenaient plusieurs inscriptions murales que la Révolution se plut à briser et à disperser.

Parfois à quelque chose malheur est bon; en 1865 un incendie ayant nécessité la démolition d'une grange située auprès de l'église, nous recueillîmes parmi les matériaux qui avaient été employés dans la construction primitive, les restes de deux inscriptions que nous reconstituons en partie.

I.

EN L'AN MVL. . . .
RECEV IMBELOT. . .
COSSON, LIEVT. . . .
ET HONNE. . . ' .
FONDE. . . . . .
LES. . . . . . .

Cette inscription rappelait qu'Etienne Cosson avait fondé au profit de la fabrique, conjointement avec Marguerite Robin, sa femme, par contrat reçu Imbelot, notaire à La Guerche, le 22 janvier 1634, une rente de 18 livres 15 sols destinée à faire dire à perpétuité un certain nombre de messes; nous avons trouvé son nom sur la cloche du Gravier.

Sa femme était fille de Pierre Robin qui transmit à son gendre ses fonctions de lieutenant au bailliage de La Guerche.

Une sentence de l'officialité de Bourges restreignait en 1703 le nombre des messes qui avaient été stipulées en l'acte de fondation.

II.

Le contrat énoncé, dans l'inscription qui va suivre, ayant été perdu, le curé crut devoir, en 1778, requérir un notaire de La Guerche pour en dresser copie collationnée sur la pierre qui le mentionnait.

C'est par ce moyen qu'il nous a été permis de reproduire *in extenso* le texte de cette inscription.

PAR CONTRAT DU XXV OC *tobre* 1605 *recev*
BERTHAUL NOTAIRE A LA *Guerche mes*
SIRE FRANÇOIS DE MON *tolon s^r du Vivier*
EN FRANCE, DE NOTRE *Dame des Ver*
TUS, D'AVBERVILLERS *et lors baron*
DE LA GVIERCHE A DONNÉ *av cvré dv*

GRAVIER CE REQUERANT *une seteree*
EN BOIS TAILLIS DANS LES BO *is de la Gvier*
CHE. JOIGNANT D'VNE PART *av bois*
TAILLIS BAILLÉ A SENS A GUY BOVRGOIN
D'AVLTRE PART AV BOIS DONNÉ *à sens* A PHILIPPE
JACQVET ET D'AVL *tre part avx bois*
DE LA GVIERCHE *à la charge de dire*
CHACUN DIMAN *che havltement de*
VANT LA GRAN *de messe le psavme*
MISERERE MEI *Devs secvndvm magnam*
AVEC TELLE O *raison convenable.*

§

François de Montolon, intendant de la maison des duc et duchesse de Nevers, avait acquis, en 1596, de Henriette de Clèves, la baronnie de La Guerche qu'il conserva jusqu'en 1607.

Il donna dans ses bois et forêts, des terres à défricher. La dixmerie sur ces *novalles* se trouva appartenir, par un droit fort ancien, pour moitié aux coustres de Saint-Cyr, pour un quart au chapelain de La Guerche, et pour l'autre quart au seigneur du lieu.

Tous les bienfaits de François de Montolon ne nous sont point connus; mais une inscription qui se trouve dans l'église de l'ancien couvent de Sainte-Claire à Decize, nous apprend qu'il constitua en faveur de ce couvent une rente de CL livres tournois, à la charge par l'abbesse de faire dire par semaine trois messes basses qui seraient sonnées *l'espace d'un Miserere*.

Michel de Marolles raconte dans ses mémoires que la princesse Marie de Gonzague, *à cause de la bonté de l'air*, se plaisait beaucoup au château d'Aubervilliers, qui appartenait à l'intendant de sa maison, le célèbre **François** de Montolon, qui **l'avait** hérité de ses grand-père et **bisaïeul**, gardes des **sceaux** de France.

« C'est là, ajoute l'abbé commendataire de Villeloin, que je reçus mission de faire l'inventaire des titres de Nevers; et je fus si occupé à ce travail que je fus privé d'ouïr le sermon de l'Avent. »

§

L'église paroissiale de La Guerche se trouvant située au Gravier, il était de toute nécessité pour les habitants de posséder, *intra muros*, une chapelle pour accomplir plus facilement leurs devoirs religieux. Il fut donc créé une vicairie sous le vocable de saint Blaise. Le chapelain était désigné par le seigneur du lieu, et il desservait en même temps la chapelle castrale.

La Révolution convertit la chapelle en maison commune : néanmoins, le marguillier continua à être chargé de *sonner midi*. On y transféra la prison qui, jusqu'alors, avait été placée dans le donjon du château.

Nous avons recueilli deux inscriptions provenant de la chapelle Saint-Blaise :

EPITAF.

PAR TESTAMENT DV XV JANVIER 1703 Me JEAN THEVET, M^e ÈS ARTS, CI DEVANT CVRÉ DV PLASSIER AV DIOCEZE DE.... A PRESENT CHAⁱⁿ DE LA GVIERCHE, A FONDÉ A PERPÉTVITÉ EN CETTE CHAPELLE VI MESSES POVR CHAQVE VENDREDI DES QVATRE TEMPS DE L'ANNÉE, LESQVELLES CE DIRONTS DE LA PAS^{ion} VNE LA VEILLE DV IOVR DE St IEAN BAPTISTE SON PAT^{ron} ET L'AVLTRE LE IOVR DE SON DESCÈS QVI SERA REPVTÉ LE LENDEMAIN DES MORS OV LE IOVR D'APRÈS ET A LA FIN DESD. MESSES LE DE PROFVNDIS AVEC LES VERSETS DE RAISON.

Jean Thevet, qui prenait la qualité de prieur-chapelain de La Guerche, décéda le 10 décembre 1721, à l'âge de quatre-vingt-quatre ans.

Il avait pour neveux François Thevet, notaire à La Guerche, et Edme Thevet, sergent royal, qui, six jours après la mort de son oncle, se noyait dans l'Aubois, en passant de nuit avec son cheval au gué Faguin.

§

Nous avons dit qu'une prison avait été établie dans la ci-devant chapelle de Saint-Blaise. Il fut jugé convenable d'ouvrir une porte et une fenêtre donnant sur la *place au bestial*, et pour ce faire, on eut recours aux matériaux que l'on avait sous la main; on *utilisa* donc une belle inscription murale pour y découper le dessus de la porte.

Nous avons recueilli cette pierre épigraphique; il nous est permis de restituer les deux lettres du commencement de chaque ligne que le ciseau de l'ouvrier avait enlevées pour faire sa feuillure. Mais le complément de chaque ligne est perdu pour toujours, bien que, ou plutôt parce que tout récemment encore on nous présentait un débris de pierre revêtu de quelques mots qui certainement ont fait partie de l'inscription intégrale.

Le	X V I O V R D E	. . . . . *an 16 . . . par contrat*
pa	SSÉ EN CESTE V	*ille devant m^{es} Imbelot et Bertault*
no	^{res} MES^{tre} FRANÇ	*ois de Montolon. . . . . au*
Co	NSEIL D'ESTAT SEI	*gneur d'Aubervilliers, et lors*
ba	RON DE LA GVIE	*rche, a fondé à perpétuité en cette*
ch	APELLE DE St BLAISE	. . . . *messe qui se dira*
en	ESTÉ A VII HEVRES	*et en hiver à . . . . . laquelle sera*
so	NNÉE DEMIE HEVR	*e avant. . . . .*
et	APRÈS LA DERNIÈRE	. . . .
bé	NÉDICTION DE	. . . .
la	MESSE DE PROF	*undis*. . . . .
le	CHAPELAIN ET	. . . .
	NT SVR LA MES	. . . .
	IS ET DEVX L	. . . .

ap	PERT PAR LES SVS	dits contracts............
dv	XXe OCTOBRE	....
pa	R DEVANT BER	tault notaire.............
ce	STED CHAP^{lle} VI	....
av	TRE SONNÉE	....................heu
re	S EN ESTÉ ET	à... heures en hiver......
et	DEMY DE BLED	froment...................
un	E MESURE DE	bled seigle que prendra le.....
ch	APPELAIN SUR	les biens tenus à sens par Nico
le	S MASSIS ET M	athieu.......... suivant le
co	NTRACT PLUS H	aut énoncé en date du pre
mi	ER MAI MVIC	..... l'un recev par devant m^e
La	RUE NOT^{re} L'AVLT	re e............. recev m^e
Be	RTAULT.......	....
te	D. CHAP^l A MIDI	....
ch	CVNE HEVRE	....
	Y DES BIENS DE	....
Da	VID SA FEMME	.... estant en
pa	SSAGE DE MORT	.... com
me	IL APPERT PAR	son testament; y a av
ss	Y VNE MESSE	fondée par messire
Fr	ANÇOIS DE BAR	lors baron de La Gvierche.

A l'appui de notre interprétation restitutive, nous croyons devoir citer textuellement un extrait du terrier de la baronnie en date de 1642 :

« Dans lesdits château et maison-fort, y a chapelle fondée
» en l'honneur de la glorieuse vierge Marie, et une autre
» chapelle fondée en l'honneur de saint Blaise, et vicaire
» qui les doit desservir, et en icelle, les dimanche et jeudi,
» messe et faire l'eau bénite, et chanter à voix haute *Salve*
» *regina*, et après célébré messe, *De profundis*.

» Plus dire et célébrer aussi par ledit vicaire, tous les ven-
» dredis, messe en l'une ou l'autre chapelle, de chanter à voix
» haute tous les jours au soir dans la chapelle Saint-Blaise un

» hymne selon le propre du temps, le tout conformément aux
» contrats de fondation qui en ont été faits par défunts mes-
» sires François de Bar, François de Montolon et Antoine
» de Tenon, dernier seigneur et baron desdits lieux, par con-
» trat reçu Bertault et Imbelot, notaires, rédacteurs dudit
» *terrier, ainsi qu'il est rapporté et écrit en une pierre* dans
» ladite chapelle Saint-Blaise. »

§

La baronnie de La Guerche avait été acquise en 1445 par Jehan de Bar, bailli de Touraine, qui fit foi et hommage au comte de Nevers le 22 décembre même année.

François de Bar, fils de Jean, hérita de la baronnie à la mort de son père.

Puisque nous nous trouvons à La Guerche *intrà muros*, nous donnerons les inscriptions relatives à la pose de la première pierre de trois anciennes maisons, dont deux ont disparu.

1°

Sur l'angle de la maison qui fait le coin de la Grande-Rue et de la rue de l'Hôtel-de-Ville on lit :

P. CHAMOROT.

1679.

Ce Pierre Chamorot était chirurgien royal et possédait le fief d'Auvernay, *Altum Vernaium*, aujourd'hui le Petit-Vernay.

Nous avons retrouvé un autographe de ce maître ès-arts ; c'est une prière. Il écrivait en 1675 : « Cette année il y a deux
» mouches au Vernay ; je prie Dieu qu'il les conserve. Ainsi
» soit-il. »

Sur une autre page il dessine un blason où figurent deux

lancettes en sautoir et trois cœurs mal placés. Le chirurgien royal aurait-il eu des prétentions à la noblesse? Pourquoi non? Les docteurs de Lyon prenaient tous la qualité de nobles en même temps que leur diplôme.

2°

LOVIS CHAMOROT.

1696.

Cette inscription se lisait sur la pierre d'une maison qui a été démolie pour donner passage à la rue qui va de la place *au bestial* à l'église.

L. Chamorot était petit-fils de Pierre, susnommé. Il était né en 1690, avait eu pour parrain Louis Mareschal, seigneur du Corbet, de Givry et de Sermoise. A dix ans, il signait : compagnon chirurgien. Il n'embrassa point pourtant la profession paternelle ; il devint maître particulier des eaux et forêts, et échevin de Nevers.

Dans le cérémonial de la pose des premières pierres, on n'attendait pas le nombre des années. L. Chamorot n'avait que quatre ans quand le maçon lui présenta la truelle enrubannée.

En 1846, en démolissant la tour de Mouron, dans le Morvand, on découvrit une inscription qui témoigne d'une main bien plus enfantine :

Av XV mai, assi ton fondement fut
Par François de Montsavlnin le petit-fils,
Qui de jours ne comptait que XXVI.

Nous avons recueilli une troisième inscription murale :

CETTE PIERRE A ÉTÉ POSÉE
PAR DAMOISELLE CLAVDE BOURSIER ÉPOVSE
DE M° PIERRE CAMUZAT
BAILLI ET NOTAIRE ROYAL A LA GVIERCHE
9 AOUT 1753.

La fondation d'une place de banc dans une église était chose sérieuse ; le curé en faisait par trois dimanches l'annonce au *général* des habitants, après quoi le peuple en délibérait.

Pierre Camuzat avait donc un banc fondé en l'église du Gravier. Mais, ayant été nommé bailli, il comprit qu'il fallait une place plus honorable dans l'église ; les paroissiens assemblés le 12 mars 1748, lui octroyèrent le droit de placer son banc près l'autel de Saint-Antoine. Pourquoi il fut forcé d'augmenter de moitié la rente de vingt sols qu'il devait desservir.

Il mourut en 1768. Sa veuve était sœur du curé du Chautay, et fille de Louis Boursier, maître en l'art de la faïence à Nevers.

Torteron.

Il y a quelques années, lors de la reconstruction d'un fourneau dans l'établissement de Torteron, il a été mis au jour un fragment de pierre sur lequel on peut lire encore l'inscription suivante gravée en très-gros caractères :

    J'AY ETE P. . . . .
    1758 PAR D^{lle} JEANNE. .
    ELISABETH DV FOVR. . .

Les forge et fourneau de Torteron appartenaient en 1758 à Pierre-Noël Leveillé du Fournay, époux d'Elisabeth Bernot de Charrant. Il mourut en 1777, laissant deux enfants encore mineurs, savoir :

Pierre-François Leveillé du Fournay, officier au régiment de Lyonnais, et Jeanne-Elisabeth du Fournay, qui épousa Amable-Charles de Champs, seigneur du Creuzet.

Nous ignorons si la pose de la première pierre d'un fourneau était accompagnée de quelque cérémonie religieuse, comme il était d'usage à l'occasion de la mise en feu. Mais nous savons que le curé du Chautay avait droit à deux sacs de charbon, à la charge de faire la bénédiction du fourneau qui existait dans sa paroisse, et de dire une messe basse chaque fois que le fourneau était mis en feu.

§

Torteron était un petit fief qui avait sa justice. Pendant bien des années, Guy Coquille lui-même y remplit les fonctions de juge. Il faut dire que ce fief appartenait à Messieurs de l'abbaye de Saint-Martin de Nevers.

Dans les décombres d'une petite chapelle qui existait avant la Révolution, entre Torteron et la rivière de l'Aubois, on a retiré le socle carré d'une petite statuette de pierre.

Une inscription entoure les trois côtés apparents du socle; elle est ainsi conçue :

MIL IIICLII FUT SC... CHAPELLE
DE S¹ GERVAS DES PRÉS.

Dans la face antérieure de la pierre se trouve une petite cavité rectangulaire revêtue de plomb et qui a dû renfermer quelque parcelle des reliques du saint martyr, que saint Ambroise confia à la basilique de Milan.

Cours-les-Barres. — La Môle.

L'église de Cours-les-Barres est sous le vocable de saint Pantaléon ; une de ses chapelles est dédiée à saint Amable.

L'abbé Faydit écrivait en 1702 :

« Il y a un village appartenant au baron de La Môle où il
» se fait un concours extraordinaire de peuples, qui y vont en
» dévotion pour honorer saint Amable. C'est qu'un prêtre
» habitué autrefois dans l'église de Riom, s'étant venu établir
» dans ce village, y apporta quelques reliques de saint
» Amable qui ont fait croire et dire à bien des gens que le
» corps de ce saint y est enterré. Ce lieu s'appelle Cours-les-
» Barres. »

L'inscription qui a été conservée dans l'église de cette paroisse nous fait connaître l'époque de l'établissement de la dévotion à ce saint et le nom du fondateur :

LA PN^{te} CHAP^{le} DE St AMABLE A ESTÉ BASTIE EN L'ANNÉE 1686, SOUBS LE RÈGNE DE LOVIS LE Grd, 14 DU NOM, ROY DE FRANCE ET DE NAVARRE, SOUBS LE PONTIFICAT DE MONS^r MESS^r EDOVARD VALLOT, 106 ÉVESQUE DE NEVERS, DU VIVANT PAR LES SOINGS ET DES DENIERS EN PARTIE DE VEN^{ble} ET DISCRETTE PERSONNE Mre PIERRE DVRAND, P^{tre} CVRÉ DE CESTE PAROISSE, AVTHEUR DE CESTE DÉVOTION EN CE LIEV ET D'AILLEVRS, PAR LES CHARITÉS ET DÉV^{on} DES PÉLERINS ET PERS^{nnes} DÉVOTES A CE GRAND S^t. AMI LECTEUR VOUS ÊTES SUPPLIÉ DE PRIER DIEV POVR TOVTES CES PERSONNES PAR CHA^{té}. LEDIT CVRÉ EST DÉCÉDÉ LE 14 SEP^{bre} 1702, REQ^t IN PACE.

§

Le 1er décembre 1754, l'évêque de Nevers, visitait l'église de Cours-les-Barres, et en sa présence les habitants abandonnèrent à messire Benoist Marion, seigneur de Givry, le droit exclusif à la chapelle de Saint-Amable.

La Chapelle-Hugon. — Grossouvre.

Dans la cour du château de Grossouvre, sur la paroi du portail à guichet, en face la tour à Diamants, se trouve incrustée une tablette de pierre sur laquelle sont gravés les noms et les dates qui suivent :

.... VEL — EN L'AN
... IVEL — EN L'AN 1396.
. RIVEL — EN L'AN 1505.

GRIVEL — EN L'AN 1547.
GRIVEL — EN L'AN 1580.
GRIVEL — EST NÉ 1505 EST MORT 162...
GRIVEL — EST NÉ 1587 EST MORT 164...
GRIVEL — EN L'AN 1676.

LESQVELS ONT ESTÉS SEIGNEVRS
DE GROSSOVVE ÈS ANNÉES CY-DESSUS.

Cette inscription date de la fin du dix-septième siècle; on dirait qu'en la composant l'épigraphiste s'est appliqué à vouloir torturer l'esprit des honnêtes gens qui s'occupent de généalogie.

Ce qu'on y trouve de précis, c'est que le seigneur Grivel, né en 1505, aura vécu plus de cent quinze ans.... c'est beaucoup.

La Thomassière n'apporte guère plus de clarté dans la filiation de cette famille, car il fait marier Philippe de Grivel avec Madeleine de Gaucourt, le 27 avril 1547 (date qui est exacte), et il ajoute que *leur fils* Marc, se maria la *même année* avec Jeanne de Gadagne.

Quoi qu'il en soit, nous tenons pour certain que Grossouvre dépendait de la châtellenie de Germigny, et que cette terre en fut détachée par Louis-le-Bon, duc de Bourbon, qui, en avril 1365, en fit don à Jehan de Grivel, deuxième du nom.

C'est donc Jehan II qui doit figurer en tête de l'inscription que le lapicide n'a point remplie. Il vivait encore en 1378.

De 1396 à 1505 il existe une grande lacune. Nous y placerons Jehan III et Henry, son fils, et enfin Bertrand de Grivaul, fils de Henry, lequel épousa Pompone de Barle, et assista, le 15 juin 1489, à l'acte de foi et hommage rendu par Philibert de La Platière à Robert de Bar, seigneur de Baugy.

Philippe de Grivel est accusé par Catherineau de s'être emparé, à la faveur des troubles civils, des biens et bénéfices appartenant au prieuré de La Chapelle-Hugon, comme si l'on eût été au temps de Charles Martel. Mais, ajoute le vieux historien du Berry, on ne fait jamais monceau des biens de l'Eglise ; c'est l'or de Tolose, le cheval de Séjan et la plume de l'aigle.

En effet, les biens du prieuré qui dépendait de Vézelay furent restitués en partie.

Et le 30 avril 1581, haut et puissant seigneur Marc de Grivel, gentilhomme ordinaire de la chambre du roi, capitaine de cent hommes d'armes de ses ordonnances, au nom de Marc de Grivel, son neveu, prieur de Saint-Etienne de La Chapelle-Hugon, cédait au curé de la paroisse une portion notable des dîmes dudit prieuré, à la charge de servir et administrer choses divines. (Acte reçu Pascault, notaire à Sancoins.)

§

Trézy.

Près de Grossouvre se trouve l'ancien fief de Trézy, qui pendant de longs siècles est demeuré en la possession de l'illustre famille de Charenton.

Ce fief relevait de Germigny ; il n'avait point droit de justice, ainsi que M. Pinet des Écots, avocat à Nevers, l'a établi dans une décision arbitrale de l'année 1750.

De temps immémorial Trézy possédait forges à forger fer. Cette industrie, qui avait résisté à la décadence de l'empire romain et à l'envahissement des barbares, a été dévorée par le progrès et le laminoir.....

Sur les bâtiments qui subsistent encore nous avons lu des inscriptions fort peu archéologiques sans doute ; elles datent de cinquante ans ; en revanche elles sont d'un réalisme parfait. Nous lisons :

PORTIER. — BUREAU. — ON N'ENTRE PAS SANS PERMISSION !

Aujourd'hui la défense est lettre morte ; Trézy n'est plus qu'une *villa agraria*. Mais on y trouve encore des ruines industrielles..... Près du bâtiment de l'ancienne fenderie où s'amincissait le fer, voilà gisant le dernier arbre du dernier marteau qui au loin faisait entendre son bruit puissant, tantôt lent, tantôt précipité. Il était formé de quatre pièces juxtaposées, comme les mâts des vaisseaux. Il était cerclé comme les anciens canons. Il est là gisant, encore tout noirci, ce corps mort d'une industrie morte.

Les supports en maçonnerie qui enserraient la roue hydraulique subsistent encore, et cette roue, rouillée de mousse et pleurant sa gloire, reste immobile comme un cheval fourbu entre deux limons.

Le rapide laminoir a renié sa mère, trop lente à le suivre.

C'est de Trézy qu'en 1821 sortait la première barre de fer laminé qui ait été vue en France.

§

La croix du Boisseau-de-Noix.

Au milieu du hameau dit le Boisseau-de-Noix, en la commune de La Chapelle-Hugon, existe une croix de fer à branches fleurdelysées.

Elle porte cette inscription :

EMABLE DE LOIRE
VRINAT 1823.

Cette croix est l'œuvre d'un maréchal-ferrant ; Vrinat était son nom.

Aimable de Loire était le nom du fondateur.

Celui-ci, malgré de nombreuses requêtes présentées aux autorités civiles et religieuses, pour arriver à contracter mariage avec sa belle-sœur, n'avait pu obtenir l'autorisation qu'il désirait ; la loi du 16 avril 1832 n'avait pas encore apporté de modifications à l'art. 163 du Code civil.

Il en était résulté une union illicite et de nombreux enfants. A son lit de mort, Aimable de Loire demandait pardon à Dieu et aux hommes, et ordonnait qu'il fût érigé à ses frais une croix expiatoire.

C'est la croix du Boisseau-de-Noix.

§

Apremont.

Nous voici au château d'Apremont.

La tourelle à pans coupés qui surmonte le formidable donjon ne contient plus le beffroi qui tintait autrefois. Un cadran solaire se charge d'emporter les heures fugitives ; si elles pouvaient au moins être exemptes d'amertume et de regret ; mais, hélas ! une inscription pleine de religieuse méditation et d'une intime tristesse est là pour nous dire :

SIC TRANSIT GLORIA MUNDI.

. . . .

Mais pénétrons dans la chapelle.
Il s'y trouve deux inscriptions.

1°

ILLUSTRISSIMO AC NOBILISSIMO DOMINO LUDOVICO MARIÆ VICTORIÆ COMITE BETHUNIÆ DUCE EXERCITUUM REGIS, ET ILLUSTRISSIMA NEC NON NOBILISSIMA MARIA FRANXISCA POITIERS DE THRESME ILLIUS CONJUGE HUJUS TERRÆ DOMINIUM TENENTIBUS ILLORUM JUSSU HIC PONS FUIT CONDITUS ANNO DOMINI 1726.

Cette inscription rappelait la construction d'un pont sous lequel passait le ruisseau dit le Pilori, qui tombe dans la fontaine du bourg avant de se perdre dans l'Allier.

§

Louis-Marie-Victoire comte de Bethune-Pologne était fils de François Gaston, qui ajouta à son nom celui de Pologne, parce qu'il avait été ambassadeur de France auprès de J. Sobieski, roi de Pologne, dont il était le beau-frère, ayant épousé Mlle d'Arquien, sœur de la reine de Pologne.

La famille de Bethune descendait de Philippe, frère de Sully.

Le comte de Bethune mourut le 19 décembre 1744. Il avait épousé en premières noces Henriette d'Harcourt de La Meilleraye, fille du marquis de Beuvron ; en secondes noces il épousa Marie-Françoise Poitiers de Thrèsme, fille de René Potiers duc de Thrèsme, pair de France et gouverneur de Paris, et de Madelaine de La Seiglière.

La comtesse de Bethune décéda le 15 avril 1764.

2°

1400 CHATEAU-FORT ET PRISON D'ÉTAT DU DUC DE BOURGOGNE
SOUS LOUIS XI PASSE A LA COURONNE
DE FRANCE.
ACQUIS PAR LES DE BAR
ET LES MOROGUES.
LE 18 FÉVRIER 1603 ACQUIS PAR
FRANÇOIS DE ROUFFIGNAC DES MOROGUES.
LE 6 MARS 1722 ACQUIS PAR LE
COMTE DE BETHUNE.
LE 30 SEPTEMBRE 1818 TRANSMIS PAR
HÉRITAGE A CHARLOTTE-MARIE-
JACOBE-AUGUSTINE FERERO
FIESCHI PRINCESSE DE MASSERANO,
MARIÉE LE 14 AVRIL 1801
AU MARQUIS DE RAFELIS
SAINT-SAUVEUR, M{al}
DE CAMP, DÉCÉDÉ A
PARIS LE 7 DÉCEMBRE 1839.

§

Les notices locales doivent autant que possible rectifier l'histoire. Nous aurons donc de notables irrégularités à signaler dans le texte épigraphique ci-dessus.

D'abord, ne revendiquons point pour notre vieux château nivernais l'honneur historique d'avoir servi de prison d'État et d'avoir appartenu à la couronne de France sous Louis XI.

Laissons ce lointain prestige à Apremont *Lotherain* (1), ainsi que nous laissons à Apremont-lez-Arthel l'honneur d'avoir donné naissance à saint Guillaume, archevêque de Bourges.

Les de Bar et les Morogues n'ont jamais possédé Apremont, qui appartenait au douzième siècle aux des Barres. Sortie de cette maison, cette seigneurie y rentra momentanément par l'acquisition qui en fut faite en 1545 par François des Barres, porte-note du Saint-Siége, abbé commendataire de Fontmorigny.

Les Morogues ne pourraient tout au plus figurer dans l'inscription susrelatée que pour rappeler que demoiselle Philippe-Claude de Morogues épousa en 1639 le fils de François de Roffignac qui, par héritage, devint lui-même seigneur d'Apremont.

Il est facile, même avec Michel de Marolles, de confondre Apremont Lorraine avec Apremont Nivernais, par la raison que la maison de Nevers a possédé l'un et l'autre Apremont.

En 1566, Pierre Seiguier, conseiller en parlement de Paris, recevait mission de vendre au duc de Lorraine Apremont et *terras quæ sunt ultrà fluvium Mosam*, pour subvenir au payement des dettes de la maison de Nevers. (Ab. de Marolles.)

1) Dom Plancher.

§

Cuffy.

Le Bec-d'Allier nous offre plusieurs inscriptions commémoratives de la construction des maisons.
Commençons par ordre de date.

1.

La plus ancienne, dont il ne reste que le cadre orné d'une ancre, est complétement mutilée ; à la dernière ligne on peut lire encore :

A LA GLOIRE DE DIEV.

Cette inscription datait du milieu du quinzième siècle ; elle était en vers, et il y a cent à parier contre un, que Diev devait rimer avec LIEV.

2.

LA PREMIÈRE PIERRE A ETTÉ POSÉ
PAR JEAN-FRANÇOIS DAVID, S^r DE LA
MOTE, LE 29 MAY 1747. BATI
SUR PILOTI.

3.

LA PREMIÈRE PIERRE A ETTÉ POSÉE
PAR CHARLES DAVID FILS, LE 1er
SEPTEMBRE 1565. BATIS SUR PILOTTIE.

4.

LA PREMIÈRE PIERRE A ETTÉE
POSSÉE PAR CHARLES-DAVID DE CHATILLON
LE SEPT AVRIL 1778.

A 600 mètres de la Loire se trouve une ancienne maison dont une des fenêtres a conservé son arc Tudor. A la hauteur du plafond on a gravé ces mots :

CRUE DU 19 OCTOBRE 1846.

Cette maison est connue sous le nom de la maison des Chiens. On ne manque point de raconter que c'était là que les comtes de Nevers, seigneurs de Cuffy, remisaient leur meute et logeaient leur veneur. Cette assertion n'est pas plus exacte que celle qui prétend que Château-Chinon doit son nom de *Castrum Caninum* à Jules César, qui aimait le plaisir de la chasse quand il conquérait les Gaules (1).

Le fait est qu'il a existé à Cuffy une famille du nom de Deschiens. La trouvaille que nous avons faite d'une hache en silex dans le jardin de cette maison nous la rend particulièrement intéressante.

LES CHRONOGRAMMES.

Amis des textes avant tout, les épigraphistes ont coutume, dans leur langage particulier, d'infliger le nom de *secs* (2) aux caractères numériques qui sont l'indication d'une date.

Ce n'est pas évidemment avec l'aide exclusif des chronogrammes qu'au siècle dernier Gaignières fût arrivé à constituer la précieuse collection que la perfide Albion vint un jour nous ravir ; mais nous devons reconnaître, avec l'auteur

---

(1) *Castrum Caninum...... sic nuncupatum mihi videtur quod ibi canes venatici asserverentur.*
(*Ex notitia Galliarum.* — Adrien DE VALOIS.)

(2) On donne le nom de *secs* par opposition aux formules. *Anno Domini — Christi — Incarnationis — A Nativitate.*

de *Fabiola*, que la date d'une année isolemment écrite sur la pierre présente toujours un puissant intérêt.

Le millésime est au moins une vérité. Nous avons dû le recueillir partout où la paléographie s'est complu à tracer ce langage en chiffres dont l'histoire possède la clé. C'est souvent pour nous une expression algébrique dont il faut dégager l'inconnue aux yeux des indifférents.

Le millésime plaît à l'archéologue par sa simplicité et par son grandiose, par sa naïveté et par son éloquence ; il l'aime avec sa sécheresse réaliste, comme avec le parfum de poésie qu'il recèle.

S'il le rencontre inscrit sur la pierre d'une modeste demeure, il semble lui confier les joies saintes de quelques humbles familles, en attestant l'honnêteté et le respect qui, au bon vieux temps, étaient tout d'abord attachés à la possession du *feu* et du *lieu. Focum et locum.*

Si le chronogramme se trouve gravé sur le front orgueilleux de quelque antique castel, c'est qu'il retrace quelques *faits* et *fortune* de guerre.

Si près des bords de l'Allier et de la Loire qui baignent nos contrées, nous retrouvons quelques dates fortement soulignées sur quelques pierres angulaires, c'est pour rappeler les époques de ces inondations capricieuses auxquelles le génie moderne n'ose point dire : Tu n'iras point plus loin.

I.

1061.

La consécration de l'église de Cuffy.

Nous n'avons point à produire de chronogramme antérieur à cette époque mystérieuse et terrible où tous les peuples croyaient que le monde allait finir, si bien que dans toutes les chartes d'alors, il était de style de formuler ce motif peu rassurant : *Appropinquante termino mundi*; mais nous pouvons offrir l'an 1061.

Grâce aux largesses testamentaires d'un de ses paroissiens, il y a quelques années l'église de Cuffy était en complète restauration ; les ouvriers occupés à ces travaux nous informaient qu'ils venaient de mettre à découvert quelques vestiges d'ancienne peinture. Nous arrivâmes sur les lieux, et dans le sanctuaire, autour duquel circule une charmante arcature de pierre, nous retrouvions sur les parois de droite et de gauche deux disques corrélatifs dont les couleurs primitives avaient subi l'outrage de plusieurs badigeons successifs.

Ces disques ont été respectés ; ils présentent une bordure composée de trois filets jaune, brun et jaune. Sur le fond bleu se détache une croix tréflée d'un rouge brun.

Sur l'un est écrit en chiffres romains :

MLXI.

Sur l'autre sont peints des caractères que nous sommes obligés de traduire en latin, puisque telle a été la pensée de l'exécutant.

XXII VII^{vris}

Die vigesimo secundo, mensis septemvris.

Ces deux dates nous révèlent l'année de la consécration de l'église de *Sancti Mauricii de Cuffe*, et nous apprennent que le jour choisi pour cette solennité fut celui de la fête du saint patron qui lui donnait son vocable.

. . . .

Après avoir interrogé l'œuvre architecturale qui l'intéresse, quand l'antiquaire résume sa pensée pour en classer l'époque, son appréciation flotte le plus souvent dans un cercle indéterminé qu'il cherche toujours à restreindre ; mais si son regard vient à découvrir l'âge de l'édifice oublié dans quelque retrait obscur, il s'en réjouit, comme à la révélation d'une vérité cachée. Le monument a répondu à la question : *Saxa loquuntur !*

L'archéologie et l'histoire ont aussi leur lyrisme ; et la vue de ces couleurs primitives nous apporta plus de joie que n'eût su le faire une précieuse mosaïque.

Ce bleu antique se transformait en lapis lazzuli ; ce rouge-brun devenait porphyre, et ce jaune vulgaire était or et topaze.

Du sommet de ce coteau (*cuffet*) au pied duquel venaient alors se joindre les eaux de l'Allier et de la Loire, il nous sembla assister, à travers les limbes du passé, à la pieuse solennité du XXII septembre MLXI.

Oh! comme elle fut pleine de joie et de magnificence, cette journée qu'éclairait un doux soleil d'automne !.....

— Les nefs, les barques déposent sur la rive les habitants de la cité et des campagnes, avides de prendre part à l'auguste spectacle.....

Du haut du clocher le guetteur a fait entendre sa trompe : voici les croix stationnales qui resplendissent et les bannières que le vent fait ondoyer, voici les châsses vénérées renfermant les saintes reliques qui doivent être déposées dans l'autel ; elles sont précédées par des clercs balançant l'encensoir.

Entouré des dignitaires de son église, voici Hugues II de Nevers. Son inépuisable charité, la pompe et la majesté dont il a su doter le culte, l'ont déjà fait surnommer le Grand !

Près de lui se tient l'abbé de Saint-Victor, qui vient de voir son abbaye relevée de ses ruines par un octroi royal. Pour continuer l'œuvre *in quod complacuit*, le vénérable prélat va conférer à cette abbaye le droit de présentation à la nomination des vicaires perpétuels de l'église de Saint-Maurice. *Cura de Cufiaco, prioris Sancti Victoris presentatio.*

Partout ce n'est que cantiques, encens et fleurs, douce harmonie et poésie du temps qui n'est plus.

Puis, aux chants religieux que dirige l'écolâtre, se mêle le bruit retentissant de la trompette.

La poterne du châtel s'entr'ouvre; voici la brillante chevauchée du comte Guillaume. Jeune encore, mais déjà belliqueux, il a demandé à son parent Hugues II de placer la nouvelle église sous le patronage d'un saint qui avait su tenir l'épée du combattant avant d'avoir obtenu la palme du martyr SANCTUS MAURICIUS.

II.

1429.

Le boulet de Jeanne d'Arc.

Ce millésime se trouvait écrit au-dessus d'un boulet à demi incrusté dans une pierre du donjon du château d'Apremont. Il rappelle que cette mémorable année vit tout-à-coup se réveiller le sentiment de notre vieille nationalité qui semblait éteint !

Quand, par la pensée, on se reporte à cette époque où la voix inspirée et le bras d'une simple bergère relèvent la couronne de France, on est frappé de cet éblouissant mirage d'où surgit le génie de la patrie, qui semblait pour toujours l'avoir abandonnée.

Les moindres faits et gestes de Jehanne la Pucelle, sont aujourd'hui pieusement recueillis comme de saintes reliques ; et partout où elle a porté ses pas, on aime à y trouver le parfum de son souvenir.

Or, nos contrées ont vu flotter l'étendard de l'héroïne.

Cela estant, nous lui devons au moins un salut en passant.

§

Laissons parler la légende, où il est permis au merveilleux de se mêler à l'histoire.

« Jeanne d'Arc, revenant de Saint-Pierre-le-Moûtier, qu'elle
» avait enlevé aux Anglais, aperçut de loin le fier manoir

» d'Apremont, sur les bords de l'Allier, et demanda au sire
» d'Aulon, son écuyer, qui chevauchait à ses côtés, à quel
» seigneur appartenait le châtel. On lui nomma un sire de
» *Roffignac dont la famille possédait cette terre depuis le treizième*
» *siècle.*

» — Et sous quel bannière range-t-il ses lances ? demanda
» l'héroïne.

» — Sous celle d'Angleterre et Bourgogne, répondit le
» noble seigneur.

» — Cela étant, reprit Jeanne, nous lui devons un salut en
» passant.

» A ces mots, poussant son cheval vers le maître canonnier,
» elle lui ordonna de faire tirer une volée sur le château
» d'Apremont.

» Et le boulet qu'on y voit encore, demeure attaché à la face
» du monument, pour attester le patriotisme de l'inspirée de
» Domremy; la date de 1429 qui s'y trouve au-dessus rap-
» pelle cette histoire. »

Voilà ce que Touchard de La Fosse écrivait dans sa *Loire historique* il y a trente ans ! Voilà ce qui a été répété dans maintes histoires locales. Oh ! si Mme Necker eût vécu de nos jours, elle eût pu changer d'opinion, elle qui disait que la langue française n'est nullement pittoresque !

Mais si nous aimons la légende et Platon, nous aimons davantage la vérité.

Nous allons donc, dans quelques rapides considérations, tâcher de démontrer :

D'abord que l'antique manoir d'Apremont n'appartenait pas aux Roffignac au temps de Charles VII,

Et que le boulet attaché à la face du monument n'est point sorti des couleuvrines ou bombardes qui, avec *autres habillements de guerre*, suivaient Jeanne d'Arc lorsqu'elle partit, non pas de Saint-Pierre-le-Moûtier, mais de Moulins, pour se rendre devant La Charité, alors au pouvoir de l'anglischerie.

§

Le gentil roi venait d'être sacré à Reims; et après avoir été à la peine comme à la joie, Jeanne était retombée à la peine; elle se trouvait à besoigner dans l'Ile-de-France, répétant souventes fois : « Jamais n'en partirai-je tant que je n'aurai la » grand ville. »

Le sire de Gaucourt commandait l'armée; convaincu que toute la gloire d'un succès serait attribuée à la Pucelle, il profita d'une blessure qu'il venait de recevoir et d'un assaut malheureux pour lever le siége de Paris, et Jeanne, bien marrie, retourna auprès de Charles VII, à Chinon. Là, elle se trouva encore en butte à mille tracasseries ; elle demandait sans cesse à accomplir quelque nouvelle besogne ; mais tel n'était point le vouloir du roi ni de son conseil.

La cour finit pourtant par céder, et consentit à la laisser partir avec le sire d'Albret, lieutenant du roi en Berry, pour entreprendre avec une *petite armée* la soumission de quelques forteresses situées sur le cours de la Loire, non loin de l'embouchure de l'Allier.

L'expédition s'arrêta devant Saint-Pierre, qui depuis sept ans était au pouvoir des ennemis ; et vers la fin d'octobre, après que fut faite grande dépense de poudres, traits et habillements de guerre, et après un rude assaut, la ville tomba au pouvoir de la Pucelle.

Mais La Charité tenait toujours; Perrinet Grasset défendait cette place, naturellement protégée par le cours de la Loire, contre les surprises qui pouvaient provenir de la rive berrichonne.

Après avoir confié au sire de Chabannes le commandement de la *ville de Moûtiers*, Jeanne, accompagnée de Montpensier, seigneur de Bourbon et d'Auvergne, et du sire d'Albret, beau-frère de La Trémouille, était partie pour Moulins; et là, « avec l'aide de Dieu, ils résolurent de poursuivre et besoi- » gner au demourant de la délivrance et vuidange des autres

» places contraires et ennemies de Mons le Roy et nommé-
» ment La Charité. »

Le neuvième jour de novembre Jeanne écrivait à ses chers bons amis les gens d'église, bourgeois et habitants de Riom (1) :

« Vous savez bien comment la ville de Moûtiers a été prise
» d'assault, et, à l'aide de Dieu, ai l'intention de vider les
» autres places qui sont contraires au roi. Mais pour ce que,
» grand despence de pouldre, traits et autres habillements de
» guerre a été fait devant ladite ville, et que petitement les
» seigneurs qui sont en cette ville et moi en sommes pourvus
» pour aller mettre le siége devant La Charité, où nous allons
» *prestement*. Je vous prie surtout que vous aimez le bien et
» l'honneur du roi, et aussi de tous les autres de par de ça,
» que veuillez incontinent envoyer et aider pour ledit siége,
» de pouldre, de salpêtre, soufre, traits, arbalestres fortes,
» et autres habillements de guerre, la chose ne soit longue, et
» que on ne vous puisse dire en ce lestes, négligents ou re-
» fusant.

» Chers et bons amis, notre Seigneur soit garde de vous.
» Escrit de Moulins, le neuvième jour de novembre.

» JEHANNE. »

§

Déjà le 7 novembre la ville de Clermont avait remis à Jehan Merle, fourrier de Mons le Dauphin, *deux quintaux de soupetre*, un quintal souphre, deux quaysses de trait conten ung millier, et pour la p̂sonne de lad. Jehanne une espée, deux dagues et une apche d'armes.

Et le 24 novembre 1429 le lieutenant du bailly du Berry, séant en jugement, faisait connaître que « promptement et

---

(1) Lettre autographe communiquée à l'Académie des sciences par M. Berryat Saint-Prix.

— 81 —

» sans délai fallait envoyer, par les bourgeois et habitants de
» Bourges, à h. et p. seigneur le lieutenant du Berry sur le
» fait de guerre, et Jeanne la Pucelle étant au siége de La
» Charité par l'ordonnance du roy, 13,000 écus d'or pour
» entretenir leurs gens, et autrement commande eux et leurs
» dites gens de partir devant ladite ville, et lever le siége qui
» serait plus grand dommage pour la ville et le pays du Berry,
» et qu'on trouverait aucuns bourgeois particuliers qui prête-
» raient cette somme.... »

Enfin, le lieutenant donnait acte à Jean de La Loë d'avoir baillé réaument la somme de 13,000 écus d'or sous la garantie de la ferme des vins.

§

Il résulte de la lettre que nous venons de transcrire et du procès-verbal dressé par le lieutenant du Berry au faict de la justice ;

Que Jeanne d'Arc était le 9 novembre à Moulins, pour *prestement* en partir,

Et que le 24 du même mois elle se trouvait déjà arrivée depuis quelques jours devant La Charité (1).

Le rapprochement de ces deux actes authentiques qui, jusqu'à ce jour, n'avait point été observé, nous permet donc de fixer du 15 au 20 novembre le passage de la Pucelle en vue du château d'Apremont.

Il nous semble rationnel aussi d'admettre que le voyage qu'elle accomplissait en compagnie des seigneurs qui se trouvaient avec elle à Moulins, et qu'elle emmena de Saint-

---

(1) Théophile La Vallée et de Ségur rapportent l'un et l'autre que Jeanne d'Arc s'empara de La Charité. C'est là une erreur historique. Après plusieurs assauts meurtriers, d'Albret et Boussac levaient le siége de cette place, à la grande satisfaction de l'envieux La Trémoille ; et Charles VII, pour consoler la pauvre Jeanne, lui octroyait un blason où brillait une épée en pal soutenant la couronne royale.

Pierre avec leurs hommes de guerre, a dû s'effectuer par la rive gauche de l'Allier, c'est-à-dire sur le territoire limitrophe au Berry.

L'autre rive en effet, eût mis l'expédition dans la nécessité de franchir la Loire, opération qui présente toujours des difficultés sérieuses ; au surplus, les annales nivernaises disent qu'à cette époque cette rive était si peu sûre, que « n'osait traverser » le pays nul prudhomme ou bon marchand pour le doulte des » ennemis. »

Ainsi se trouveraient en même temps anéanties, les prétentions historiques qui font partir Jeanne d'Arc de Saint-Pierre pour venir faire étape au château des Bordes, et celles qui lui font lancer un boulet contre le château de Maulce ; comme si le petit manoir herbager propre à rivitailler tout au plus Perrinet Grassart (1), eût pu attirer les regards dédaigneux de l'héroïne, ainsi que dut le faire l'orgueilleux château d'Apremont, élevant sur son âpre colline, « ses quatorze tours » belles et somptueuses, fossoyées de beaux et amples fossés. » Tel il existait alors en la possession de la famille des Reveillon, dont Guyot, l'un d'eux, avait, quelques années auparavant, accordé des franchises à ses subjects peu fidèles.

§

Les Roffignac.

L'auteur de la *Loire historique*, qui avait cueilli dans le *Nivernais*, pour l'arranger au pittoresque, la légende du châ-

---

(1) Il convient sans doute de ne point confondre Perrinet Grasset, qui pendant plusieurs années gouverna si tyranniquement La Charité, avec Perrinet Grassart, autre capitaine, qui, malgré les sommations de Guyot de Roffignac et les injonctions du roi, persistait à vouloir, après la paix d'Arras, demeurer maître du château de Maulce.

L'abbé de Marolles, p. 277; La Thomassière, page 961 ; Née de La Rochelle, tome I*er*, page 279, et Moreri, article Courvol, sont tous en complet désaccord sur la personnalité des Grasset et Grassart.

teau d'Apremont, ajoute encore que ce château appartenait aux Roffignac depuis *le douzième siècle.*

Il nous appartient de rectifier ces allégations.

D'abord, il est certain que le nom de Roffignac, originaire du Limousin, ne vint s'implanter en Nivernais, sur les bords de l'Allier, que vers la fin du quatorzième siècle, par le mariage de Renaud de Roffignac avec Catherine de Monturuc, dame de Maulce.

Et ce n'est qu'en 1603 que la terre d'Apremont passa pour une première fois en possession de François de Roffignac, second fils du seigneur de Maulce.

Il est donc évident que si le seigneur d'Apremont rangeait ses lances sous les bannières d'Angleterre et Bourgogne, il ne se nommait point Roffignac.

En 1426, Gibaud de Neuvy était possesseur de cette terre, comme héritier de Jean de Reveillon ; et deux ans après, elle appartenait à Hugues de Neuvy, seigneur de La Bobe.

§

Le boulet.

Le château d'Apremont conserve encore aujourd'hui sa physionomie de châtel-fort.

Il affecte la forme d'un quadrilatère, et laisse deviner que c'est à l'aspect qui regarde le Berry que l'art militaire a prodigué ses formidables travaux de défense. C'est de ce côté que s'élève, avec sa couronne de mâchicoulis, le majestueux donjon placé sous le patronage de saint Georges. Sur sa face antérieure, à trente pieds au-dessus du sol, se trouve enchâssé, comme un précieux diamant, le boulet pseudo-historique qui rappelle la félonie d'un seigneur châtelain.

Ce boulet de fonte ne saurait prétendre à une provenance bien authentique ni à la contemporanéité de Jeanne d'Arc.

Au temps de Charles VII les projectiles étaient en pierre.

Quand, en 1422, en *doulte* des ennemis, les échevins de Nevers faisaient placer des canons sur le pont de Loire, les boulets étaient de *pierre*.

Au siége d'Orléans, Glausdate dit à Salisbury : « Monsei-» gneur, montez en haut de cette tournelle, et voyez la ville. » Soudainement vinst férir une pierre de canon qui l'y emporta l'œil et la moitié du visage.

Un siècle après, c'est encore un projectile de pierre qui blesse mortellement le chevalier Bayard.

On commença seulement sous Louis XI à fondre des boulets en fonte de fer. François Ier établit les différents calibres qui se trouvent indiqués et gradués sur une dague de canonnier que conserve à Paris le musée d'artillerie.

Le boulet qui nous intéresse pourrait peut-être remonter à cette époque ; mais il convient de le classer parmi les calibres réduits à six par Henri II.

Il mesure dix-huit pouces de circonférence. On reconnaît qu'il a été fondu en coquille, c'est-à-dire dans un moule à deux valves.

§

Quoi qu'il en soit, ce boulet est un symbole cher aux habitants de nos contrées, et que notre foi patriotique nous fait un devoir de respecter : c'est le *vidimus* d'une page vivement intéressante de notre histoire locale.

Et les routiers des rivières d'Allier et de Loire ne manquent point, en passant devant le château d'Apremont, de rappeler la tradition que leur ont transmise leurs devanciers, et de dire, dans leur énergique langage ami des assonances :

> Voici le château d'Apremont.
> Jeanne d'Arc lui cracha au front
> Un boulet pour affront.
> . . . .

III.

1775.

La croix Poinceux.

Au milieu des grands bois de La Guerche, sur le bord d'un vieux chemin connu seulement du bûcheron et du chasseur, existe un petit tertre toujours vert et parsemé de folles graminées ; son pied est baigné par une source d'eau vive qui se nomme la Font-Pinceux.

Sur ce tertre s'élève une modeste croix bien jaunie par la mousse, que l'on appelle la croix Pinceux.

C'est la croix qui a donné son nom à la fontelle.

Comme une glorieuse protestation, cette croix porte la date de 1775.

§

Quand les seigneurs, hauts justiciers, voulaient fixer les limites du territoire sur lequel s'étendait leur pouvoir, ils prescrivaient de planter des poteaux où leurs armes étaient peintes. *In quibus terminis sunt arma seu stigmata sculpta.*

Mais quand les puissants châtelains voulaient accorder liberté et franchise de tous droits, coutumes et exactions, ils plantaient des croix de leur propre main. (*Spatium inter cruces.*)

Ces croix prenaient le nom de *croix de franchise.*

Sous le symbole de la foi elles étaient un appel à l'émigration des pauvres manants que foulait le servage des contrées limitrophes.

La croix Poinceux, car c'est ainsi que nous trouvons son nom écrit dans d'anciennes chartes, était sans doute une de ces croix de franchise. Elle devait remonter au moins à l'époque où Pierre des Barres (1272) formulait dans sa baronnie de La

Guerche des réglements de haute justice que nous espérons reproduire un jour.

En tout cas, cette croix Poinceux marquait le poinct, *punctum*, la limite (1) qui de toute ancienneté séparait à la fois les trois paroisses de Cuffy, Apremont, et Le Gravier-La-Guerche.

En 1775, une croix nouvelle avait dû faire place à celles qui successivement étaient chutées en pourriture ou aultrement.

Eh bien ! chose digne de réflexion et de perpétuel souvenir, cette croix, placée sur le bord d'un grand chemin alors très-fréquenté (il conduisait de La Guerche au Guétin), a pu rester debout et victorieusement voir passer les plus mauvais jours de l'époque révolutionnaire.

§

Racontons la cause de cette étrange exception. *Istud quod sit da nobis.*

Non loin de la croix Poinceux s'étendait naguère encore un vaste terrain appartenant à la communauté des habitants de La Guerche et du Gravier; c'est là qu'ils envoyaient pacager leurs aumailles. La garde en était confiée à un pauvre berger, simple d'esprit, mais plein de soin pour son troupeau; il avait sans doute donné raison à ce proverbe vulgaire : *Chacun chez soi et les vaches seront bien gardées.*

Il se nommait Jean Grandet. Le communal était son royaume, *sua regna*. Il y avait construit sa cabane, *tuguri congestum cespite culmen*. La croix et la fontelle étaient ses monuments de foi et de respect : *Crucem et fontes sacros.*

Le bruit des discordes civiles ne pénétrait guère jusqu'à lui. Un jour pourtant il arriva dans nos contrées des émissaires (2)

---

(1) 1504. — Terrier Bourdin.
(2) Ferry et Leflot, représentants du peuple.
Cabis, représentant du peuple à Dijon, avait ordonné que toutes les croix qui existaient et qui avaient pu être relevées fussent renversées et brisées, sous peine de 150 livres d'amende.

revêtus d'un pouvoir populaire et souverain, qui proclamèrent la destruction de tous les vestiges et insignes propres à rappeler un temps *d'ignorance et de superstition*.

Prompts à exécuter ces ordres, deux fidèles patriotes s'avisèrent de vouloir renverser la croix Pinceux ; mais ils avaient compté sans Jean Grandet ! Le pauvre vacher de la commune se montra en cette circonstance si suppliant, si éloquent et si terrible, il prononça si énergiquement la fière devise anglo-saxonne : *Je maintiendrai*, que les deux délégués reculèrent dans l'accomplissement de leur entreprise.

Aujourd'hui le pieux symbole se dresse encore debout, avec sa date de 1775, pour nous apprendre qu'en dépit du règne de la Terreur, aucune main n'osa le profaner, et que la volonté d'un simple berger triompha des exécuteurs révolutionnaires, dont l'un d'eux, nous disait un vieillard, avait exercé dans nos contrées les fonctions *de roi!*

BRACHYGRAMMES.

Nous reconnaissons volontiers les ressources de la brachygraphie, c'est-à-dire de l'écriture par abréviation ; il est toujours possible d'en découvrir la clé, surtout quand les sigles ne sont que des expressions presque conventionnelles, s'appliquant à la généralité de l'histoire. Mais nous avouons ne guère comprendre l'emploi des inscriptions monolettres qui ont la prétention de rappeler des faits individuels et vulgaires. Ce sont là le plus souvent lettres mortes ; or, *quid nocte?*

Au pied des ruines du château de Châteauneuf-au-val-de-Bargis existe une maison dont la construction moderne a emprunté ses matériaux aux substructions voisines. Les pierres portent encore les signes des anciens appareilleurs. Cette maison est ornée d'une balustrade de fer qui contient les lettres suivantes :

F. G. M. E. D. R.

Après information, nous avons appris que ces monolettres indiquaient les noms et qualités du propriétaire et qu'il fallait lire :

PHILIPPE GARNIER, MAITRE ENTREPRENEUR DE ROUTES.

Voilà du fer et du réalisme ! En vérité, nous aimons mieux l'or de ce beau carrosse légendaire qu'à la minuit, quatre chevaux conduisaient à travers les airs au-dessus des tourelles du vieux manoir de Fonfay et de Châteauneuf.

§

Il y a peu d'années, près de l'église du Chautay, on lisait sur la façade d'une maison l'inscription monolettre que nous reproduisons :

F. P. D. P. I. T. E. P.
IM..... S. F.
M.. 1691 Q.

Le centre était occupé par un blason mutilé.

Il est prudent de ne point proposer un thème pour la lecture de cette inscription, même sous la réserve d'un *si quid novisti melius*.

Nous supposons qu'elle devait rappeler le nom du constructeur et celui de sa femme, S.-F.

§

La commune de Patinges qui, à chaque pas, atteste l'occupation des Romains, était traversée par la route qui sans doute allait de Sancoins, *Xainconium*, à Mesves, *Massiva*, noms de localités que nous révèle la carte de Peutinger, et qui plus tard prit le nom de grand chemin du Bourbonnais.

SIGNES D'AFFRANCHISSEMENT.

Église de Cuffy.

Châteauneuf-val-de-Bargis.

Chapelle de la Vierge, en l'église Saint-Étienne de Nevers.

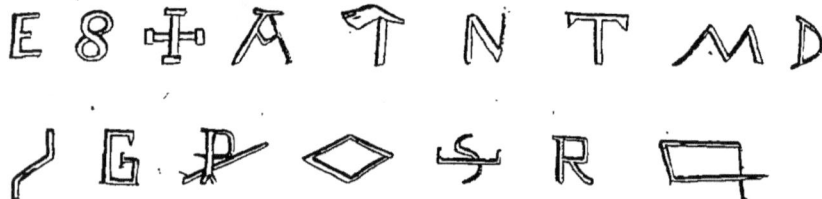

Salle capitulaire de Fontmorigny.

Page 97.

Graffite du château de Jouy.
Page 92.

On ne construit guère de maisons sur ce chemin sans que le sol ne restitue quelques débris d'un autre âge. Sur une de ces maisons se trouve encastrée une petite inscription composée de quatre lettres.

T. N.
V. L.

Les points de pause s'y trouvent, et la petite pierre carrée a un listel pour cadre, *modo romano*.

On pourrait à moins perdre la tête dans les étoiles du ciel gallo-romain.

Eh bien ! vérification faite, cette inscription décevante relate tout simplement les nom et prénoms du propriétaire constructeur.

Il se nommait : Antoine Vignole.

Les deux lettres T. N. signifient TOI*ne*.

Les deux autres V. L. signifient VIGNO*le*.

L'assonance des deux mots est au moins respectée.

Nous avons cru devoir rapporter cette inscription afin de préserver de toute erreur les archéologues de l'avenir.

§§

SIGNES D'APPAREILLEURS.

On appelle signes d'appareilleurs les figures très-variées qui se trouvent gravés en creux sur les pierres d'appareil des vieux monuments et qui servaient à faire reconnaître les pierres dégrossies par les divers ouvriers.

M. de Caumont ajoute que ces signes ressemblent assez souvent à des lettres renversées.

Nous osons faire observer que ce renversement n'est que relatif, c'est-à-dire qu'il est dû le plus souvent, soit au hasard ou au besoin de la pose, soit à l'inobservance de la normale dans l'exécution du signe.

Le relevé des signes d'appareilleurs sur les monuments n'est peut-être point aussi indifférent qu'on le suppose. Il peut parfois permettre d'établir, entre les monuments d'une même contrée, une concordance, un synchronisme de main-d'œuvre.

Nous avons remarqué que les charmants rinceaux qui ornent si délicatement les chambranles de la porte de l'église de Germigny-l'Exempt, dans l'intérieur du narthex, se retrouvent exactement dans l'église de Saint-Trophime, à Arles (1).

Au douzième siècle, l'art se diffuse et répand son génie d'imitation.

L'église seule de Cuffy nous offre des signes d'appareilleurs que nous reproduisons dans la planche ci-jointe. Cette église aurait été consacrée en 1065.

Nous donnons en même temps : 2° les signes trouvés dans les ruines du château de Châteauneuf, dont nous avons parlé ;

3° Ceux qui viennent de se montrer dans la restauration de la chapelle de la Vierge en l'église Saint-Etienne de Nevers ;

Et 4° les signes que nous avons relevés sur les piliers d'une ancienne salle capitulaire de l'abbaye de Fontmorigny, dont l'architecture moderne troublait quelque peu les connaissances archéologiques de M. de Montalembert. Il est permis d'ignorer qu'une charte relatée au cartulaire de l'ancien couvent fait mention d'une *abbatia vetus*.

GRAFFITI.

De minimis loquamur.

Les inscriptions sont le langage que transmettent aux descendants les races évanouies ; c'est un écho longtemps endormi

---

(1) Achille Allier avait déjà fait remarquer que l'église de Germigny avait quelque rapport avec l'architecture des églises de Provence.

qui se réveille tout-à-coup et qui, selon l'expression de François de Maistre, semble venir à nous.

Moins pompeux et sans nulle prétention académique, les graffites nous touchent plus intimement, parce que leurs caractères ou naïfs ou mystérieux révèlent mieux l'élan du cœur.

Au bord de l'Euphrate, sur les saules où ils suspendaient leurs *organa*, les Hébreux captifs écrivaient leurs noms et celui de Sion.

Dans les catacombes, les premiers chrétiens ont tracé leurs mystiques symboles.

Continuant l'usage antique, les pélerins de toutes les nations ont aimé à confier leurs noms aux monuments sacrés qu'ils visitaient.

Et, dans tous les temps, la soldatesque, partout où elle a porté ses pas, a voulu laisser la trace écrite de son passage.

§

Les graffites sont le plus souvent l'expression d'un sentiment spontané ; ils ont pour ainsi dire l'intérêt de curiosité qui s'attache à l'autographe.

En 1870, à Bourges, à l'heure même où des couronnes étaient distribuées aux races durham et charolaises — *non omnes armenta juvant* — nous découvrions sur la paroi de l'escalier qui conduit à la chapelle de Jacques-Cœur une jolie écriture cursive du quinzième siècle, et nous lisions :

En toy je fie

Nous aimons mieux ces quatre monosyllabes que le fameux distique :

Souvent femme varie
Bien fol est qui s'y fie

que François Ier graffita sur une vitre de Chambord et que Louis XIV, dit-on, se complut à briser.

Sur une haute fenêtre du donjon de Chevenon, il existe aussi un graffite du quinzième siècle.

Comme cette malheureuse princesse des contes des fées qui, de la tour où elle était renfermée, n'apercevait que campagnes lointaines, *lesquelles lui causaient plus de tristesse que de joie*, sans doute quelque mélancolique châtelaine de la tour de Chevenon aura exprimé ainsi son douloir :

A Chevenon que bien longement on s'ennuye.

Dans un retrait de la chapelle castrale de Jouy, qui releva de Germigny et de La Guerche, nous avons recueilli un graffite composé de syllabes en écriture gothique, entremêlées de nombres figurés par des petits carrés pointillés, semblables à ces petits carrés de cuivre qui indiquaient le poids des grains dans les anciennes balances de précision.

Nous avons renoncé à trouver le sens de ce rébus trois fois séculaire.

§

Mais, sous peine de nous égarer, revenons sur les terres de notre ci-devant Nivernais.

Par droit de primauté alphabétique et par droit de préférence, entrons à Apremont.

De 1740 jusqu'à 1766, le curé du lieu, messire Étienne Blayet, a cru devoir enrichir les registres paroissiaux de nombreuses notes marginales plus ou moins historiques; il y a même dessiné en pied le portrait à la plume de maître Durupt, chef de la verrerie d'Apremont; et la configuration de la comète de 1744 qui apparut, en face la porte de son jardin, semblable à un grand faisceau de verges.

Ce digne curé devait être un épigraphiste, car il nous raconte qu'il avait *propriâ manu* gravé l'inscription tumulaire de Gilbert Blayet, son père, ancien greffier en chef de la maréchaussée du Nivernais ; et que sur la cheminée de son *hostel presbytéral* il avait tracé les vers suivants :

> S'élève qui voudra par force et par adresse
> Jusqu'au sommet glissant des honneurs de la cour,
> Moi, je veux, sans quitter mon aimable séjour,
> Loin du peuple et du bruit, rechercher la sagesse (1).

. . . .

Nous avons donc recherché dans l'*aimable séjour* quelque graffite, et nous avons retrouvé, écrits à la pointe sur la porte du pavillon bâti au milieu de la vigne, qu'il recommandait à ses heureux successeurs, les deux vers latins que l'on peut y lire encore.

1751.

> *Intus et exterius donantur munera solis,*
> *Exterius gratis, non gratis intus habentur.*

Le prudent curé indiquait ainsi le sens du goût *intus*, et celui de la vue *exterius*, dans le produit du *bois tortu*, présent de ce bon soleil *munera solis*, auquel on a donné le nom familier de Bourguignon ; et il voulait sans doute inviter à la tempérance, en signalant le nom *gratis intus*.

§

Le cours de l'Allier nous conduit au Veuillin.

Sur une pierre de l'ancienne tour, près de laquelle s'étendait un jardin potager, nous avons lu cette naïve aspiration de quelque jeune jardinier rêvant des jardins du grand roi :

> *Je désirerais que voire Paris, maintenan*
> *j'espère de gualé* (d'y aller).
> 1703.

---

(1) CHAULIEU, *la Solitude.*

§

Quant le culte fut rétabli en l'église de Saint-Germain-sur-l'Aubois, les habitants s'adressèrent à un artiste du pays de Raphaël pour peindre deux tableaux; les deux toiles ne furent point visiblement signées par la main du peintre; mais sur le mur contre lequel s'appliquait le premier tableau, représentant saint Germain, nous avons retrouvé le graffite suivant :

Gaïtta pinxit 1802.

Et derrière le second tableau, qui représente une madone, nous avons lu :

*Joannes Antoninus Gaïtta Italicus
faici sculpsit painxit* 1803.

Ne nous hâtons point de juger de l'œuvre par le latin.

Au Bec-d'Allier, où les cavaliers en garnison dans le Nivernais venaient prendre leurs quartiers d'hiver, on lit sur les montants d'une porte :

JOSEPH THEVENIN
DRAGON AU RÉGIMENT DE DAMAS.

Nous trouvons encore un peu plus loin :

LOVIS XI
PAQVET
FRANÇOIS DVCAROY
DRAGONS AV RÉGIMENT DE DAMAS
1733.

Or, le poème de *Ver-Vert* date précisément de l'année 1733. C'est donc au régiment de Damas que Gresset empruntait *la race assez peu dévote* des dragons qu'il fait monter sur

La nef légère et vagabonde
Qui voiturait le saint oiseau sur l'onde.

§

Nomina vel nuda

Chaque nom, même vulgaire, partout où il a été autrefois graffité, dégage toujours un vague sentiment de curiosité. Le cardinal Wisemann a répété cette maxime chère à l'antiquaire :

In antiquis nomina vel nuda quæ supersunt sunt veneranda.

Aussi, en dépit du pédagogique adage qui prétend que

Nomina stultorum semper parietibus insunt,

les générations modernes aiment encore à retrouver gravés en quelques recoins du collége les noms de leurs devanciers qui, à un titre quelconque, ont pu acquérir même une éphémère illustration.

Nous ne saurions donc être indifférents à la lecture des noms graffités, même quand ils sont isolés de tous faits, ou condamnés à rester inconnus.

§

Au milieu des ruines du château de Cuffy, nous avons recueilli, sur l'enduit d'une muraille intérieure, le graffite que voici :

F. CONTHERIOS. — TESTEDOYE.

Nous avons tout d'abord supposé que l'appellation tête de d'oie qui accompagnait le premier nom avait été empruntée au vocabulaire à l'usage des mariniers de Loire, pour être infligée peu respectueusement à l'intendant du château lui-même.

Nous nous étions trompés.

Une feuille de parchemin isolée et mise en vente à Paris, et contenant le rôle et état du payement fait en août 1590 à la garnison de Cuffy, nous a appris que Massé (Mathieu) Testedoye faisait partie, lui douzième, des soldats qui, sous les ordres de Jehan de Courvoult, leur capitaine, composaient la garnison établie à la garde du château.

Testedoye se trouvait au surplus en bonne compagnie, s'il faut en juger par les noms qui suivent, savoir :

Mery de Brossard de Jailly,
Passeur de Bongard de Seline,
Jean de La Chapelle du Veuillain,
Et Claude de Courvoul de Sermoyse,

tous lesquels avaient droit à la solde de quatre écus par chacun mois.

Quant à François Contherios, il était sans nul doute, ainsi que son successeur Octavio Cada, du nombre de ces archers vétérans, Italiens ou Flamands, qui avaient fait partie de la compagnie de Mgr le duc de Nevers, et auxquels il était réservé emplois et retirences dans les châteaux de ses États.

Nous ajouterons que Contherios vit bientôt dans les actes publics son nom francisé en celui de Cottereau, alors qu'il prenait le titre de *gouverneur*, qu'il ne faut pas confondre avec celui de capitaine.

§

En descendant un peu la Loire, nous rencontrons, au lieu dit l'Aubray, une ancienne maison qui *fait plaisir à voir*, car elle a conservé intacte sa bonne physionomie du quinzième siècle.

Nous n'avons pas ici à en faire la description archéologique ; nous nous contenterons de dire qu'elle fut construite avec beaucoup de soin par les moines de Fontmorigny qui, après avoir mis l'espace de deux cent soixante-six ans pour acquérir successivement d'un grand nombre de tenanciers les droits indivis qu'ils se partageaient dans le port et le passage de l'Aubray, étaient parvenus enfin, en 1453, à en demeurer uniques détenteurs.

Cette maison servait de gîte pour les voyageurs de Bourges et de Nevers. L'abbé de Marolles raconte, dans ses mémoires, qu'ayant couché au couvent de Fontmorigny, il en partit le lendemain *et fut passer la rivière de Loire en bateau à une lieue de là, un peu au-dessous du Bec-d'Allier, et alla à Nevers saluer la princesse Marie* (1637).

C'est donc au port de l'Aubray que notre vieil archiviste passa la Loire *en bateau*. Cette maison, où bien des voyageurs ont séjourné, nous offre un grand nombre de noms graffités sur les pieds-droits et les croisillons des fenêtres.

Nous y avons trouvé G. Mut, avec lequel nous ferons connaissance sous le porche de l'église de Patinges ; nous y avons lu aussi le nom de Henry suivi d'un paraphe ou d'un sigle affectant la forme du chiffre 4 emmanché d'un *fac-simile* de hache. Enfin, nous avons relevé le millésime 1485, qui pourrait bien être la date de la construction.

§

A Cours-les-Barres, sur la maison qui a remplacé le *Chétif-Moulin*, lequel tournait et faisait farine pour les seigneurs de Courtenay et de Châtillon, nous avons lu le nom de Simon Dubret, qui se retrouve parmi les faïenciers de Nevers et de Neuvy-le-Barrois.

§

Dans la cour du moulin de Patinges, au-dessus d'une porte à arc Tudor, on a graffité, comme souvenir historique et visible de la puissance seigneuriale, le mot de

C'était là sans doute qu'en toute justice étaient enfermés les délinquants. Nous avons pénétré dans cette *prison ;* les fers à enferrer ou à enjamber les prisonniers, si aucuns y ont été, ont disparu. L'écho ne nous a renvoyé que le bêlement d'un innocent troupeau de moutons : la prison est devenue une bergerie.

Sur la porte de l'ancienne église de la même paroisse nous trouvons :

I MVT 1615.

Plus loin nous lisons G. MVT, et au-dessus LEHAR.

Ces noms appartiennent à des familles qui, pendant de longues années, ont dirigé les forges et fourneaux de Torteron et du Chautay.

En 1631, Laurent MVT était maître *assieron*, et prenait de Georges Goyre, grènetier au grenier à sel de La Charité, la forge de Torteron, pour y façonner fer et acier.

En 1652, Jean MUT était parrain avec noble demoiselle Gabrielle de Marion.

En 1647 il prenait la qualité de honorable homme, et était encore parrain avec Marie de Marguerit, fille du seigneur de Palinges. C'est sans doute en souvenir de tant d'honneur qu'il traçait sur la pierre le blason de la noble demoiselle, et qu'il osait l'accoster de deux palmes avec lacs renfermant les trois lettres de son nom.

§

La grange des dimes du Chautay a conservé un beau caractère architectural. Sur la pierre de grand appareil nous avons remarqué une grande écriture cursive qui nous a livré deux noms :

JEHANNE. — D. PENTTET.

Il serait peut-être possible d'emprunter ces noms pour arriver à la lecture de l'inscription monolettre que nous avons eu occasion de mentionner.

Dans l'intérieur de cette grange dixmeresse, qui appartenait au chapitre de Sainte-Croix d'Orléans, on avait aménagé la prison seigneuriale. La grange était destinée à serrer le bon et le mauvais grain.

Nous avons voulu interroger les murs de cette prison, nous n'avons reconnu aucun signe qui pût trahir les angoisses, les remords ou l'espoir des malheureux prisonniers.

C'est de là pourtant qu'en 1619 le nommé Marry Fournoix partait *pour le service du roy :* il était condamné aux galères perpétuelles.

C'est encore de cette prison que fut extrait Michel Charpentier, accusé d'avoir, de *propos délibéré à guet appensé,* tiré un coup d'arquebuse chargé de cinq postes (balles) et homicidé Jean Couturier dans le bois de Laumoy (1). (Assises du Chautay. — Archives d'Orléans.)

§

Sur les fonts baptismaux de l'église de La Chapelle-Hugon nous avons relevé le nom de

G. DELIN 1868.

Ne serait-ce point le même Guillaume Delin qui fut enterré dans le cimetière d'Apremont avec cette mention d'honorable longévité :

Agé d'environ 100 ans.

§

Le comte de Bethune-Pologne avait créé une verrerie à Apremont. Cet établissement, qui prenait le nom de verrerie royale, fonctionna de 1752 à 1793.

(1) Ce bois se nomme aujourd'hui Loumat. C'est dans ce bois que les grévistes de 1870 s'étaient donné rendez-vous pour accomplir leurs coupables tentatives.

Les vastes bâtiments qu'il comportait viennent d'être transformés en de magnifiques écuries pour le service du château.

Sur une des pierres angulaires de l'édifice industriel nous avons relevé les noms suivants :

Krine — Stender — Kezer

IEAN-NICOLAS DE BROSSARD — 1785.

Les registres de paroisse nous ont appris que Krine était ouvrier en bouteilles;

Que Stender était ouvrier en verre blanc et cristal,

Et que Kezer était salinier, c'est-à-dire préparateur des matières propres à la composition du verre.

Quant à Jean-Nicolas de Brossard, seigneur de Bois-Mallet (1) et ancien gendarme de la garde du roi, il était, conjointement avec son père, Robert de Brossard, seigneur de Noyan en Bourbonnais, directeur de la verrerie royale d'Apremont.

Ce dernier fut décrété d'arrestation, comme suspect, en 1793. Il se cacha à Moulins; mais ayant été découvert, il fut conduit à Lyon, où il perdit la vie par le motif sans doute qu'en travaillant à la fabrication du verre la noblesse ne dérogeait point.

§

Dessins. — Graffites.

Nous ne saurions omettre, en tant que graffites, ces dessins d'une exécution toute primitive que la pointe du couteau a tracés sur la pierre tendre et blanche de nos habitations

---

(1) La famille de Brossard a fourni des directeurs de verrerie à beaucoup d'établissements. Bois-Mallet se trouve en Normandie ; il existait, en 1313, une verrerie dans cette localité. (*Les Artistes verriers*, par Le Vaillant de La Fieffe.). — En 1561, Mathieu Brossard traitait avec le sire de Roussillon pour l'établissement d'une verrerie à Gien-sur-Cure.

rurales, et qu'on rechercherait en vain dans les contrées granitiques.

Ils sont comme un reflet du génie particulier à chaque population.

Sur les bords de l'Allier et de la Loire, on retrouve fréquemment reproduits : des grands bateaux naviguant à pleines voiles, des haleurs, des pêcheurs, de gros poissons, qui n'ont rien du symbolisme chrétien, car le hameçon qui les saisit n'est jamais oublié.

Si, nous éloignant du rivage, nous pénétrons plus avant dans les terres de labour, alors sur les portes des granges et des étables nous trouvons graffités des chevaux sans crinière et à jambes de mouches, des coqs hardiment armés de leurs éperons, des charrues à la Virgile, des abeilles et leur ruche ; — les géorgiques en graffites.

Chaque lieu garde empreinte sur la pierre quelque révélation physiologique de ce qu'il est ou de ce qu'il a été.

Sur les contre-forts des églises et sur les murs des cimetières on a tracé des croix avec leur terrasse en escalier, le plus souvent des croix *au pied fiché*. Sur les murs des châteaux et des gentilhommières, il n'est point rare de rencontrer des blasons reproduits au trait par la main inexpérimentée de quelque damoiseau.

Au Guétin, nous avons retrouvé, sur le bandeau d'une vaste cheminée, toute une rangée de soldats ; ils ont sur l'oreille le chapeau à la Saxe ; leurs jambes, bien tendues, sont hautement enguêtrées ; nous pourrions parier que quelques-uns d'entre eux étaient à la journée de Fontenoy, avec Reignier de Guerchy, baron de La Guerche ! Onze ans plus tard, le vainqueur de Mahon a dû dire, en les voyant : Voilà des hommes de bonne mine !

§

Plus éloquents que bien des distiques demandés à la rhétorique, nous signalerons encore, sur la pierre des maisons qui bordent nos rivières, ces sigles formés d'un seul trait horizontal ; ils expriment des dates historiques et néfastes.

Apremont a marqué le niveau des grandes crues de l'Allier. Cuffy a tracé le point où peut s'élever le caprice de la Loire.

Et les vieux mariniers de ces rives se plaisent à montrer à leurs petits-enfants ces terribles souvenirs devant lesquels ils les font s'arrêter, aussi pieusement que devant quelque croix tumulaire.

Enfin, si l'abside de l'église de Germigny présente encore çà et là l'empreinte des *postes* sorties des arquebuses calvinistes, si l'église du Gravier offre aussi les stigmates béants et craquelés du terrible incendie qu'un jour vinrent allumer les mains de ceux qui se disaient de la religion prétendue réformée, le vieux donjon de Cuffy garde encore l'empreinte des boulets que lui lança le maréchal de Montigny en le forçant à capituler (1617), avant d'aller mettre le siége devant Nevers.

§

Un marinier épigraphiste.

Nous avons toujours aimé interroger les braves mariniers de notre Loire ; nous avons eu la curieuse fortune de rencontrer parmi eux un véritable épigraphiste.

Nous demandons permission de le révéler.

Le vieux bonhomme nous racontait que, comme chef d'équipe, il avait bien souvent conduit des charbonnières à Paris, et bien souvent descendu des bateaux dans le Pays-Bas (Angers-Nantes). Or, comme il ne savait ni lire ni écrire, il y suppléait en traçant à la pointe du couteau sur des ardoises les événements du voyage et les notes nécessaires pour établir au retour les comptes qu'il avait à rendre au patron expéditeur.

— Je n'avais, me disait-il avec une charmante naïveté, qu'à dessiner les choses *naturellement*.

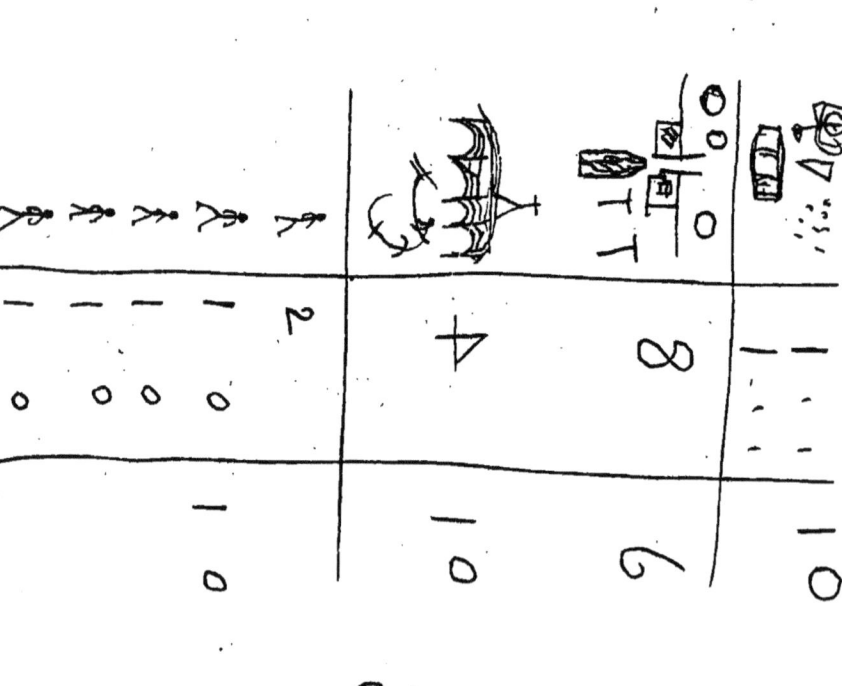

LES GRAFFITES DU MARINIER.

Je lui demandai si par hasard il n'avait pas encore en sa possession quelques-unes de ces anciennes ardoises.

— Oh! non, me répondit-il; mais comme il m'arrivait aussi de dessiner *mon mémorial* au crayon sur un calepin, je pourrais peut-être retrouver quelques pages égarées qui vous feront connaître *ma manière*.

Ce disant, le vieux marinier s'approcha d'un rayonnage bien poussiéreux, et en retira un portefeuille qui renfermait, avec persévérance, d'anciens assignats et bon nombre de quittances signées par le percepteur du canton; il en détacha une feuille que nous reproduisons fidèlement.

En peu d'instants il m'initia, avec une entière bonhomie, aux secrets hiéroglyphiques dessinés sur cette page :

— Ces cercles? — ces ronds? — Représentent des pains.

— Cette bouteille? — C'est le vin payé au baliseur à chaque passage de pont.

— Cette figure rectangulaire ou cylindrique? — C'est *le quart* de vin.

— Ce triangle à large base? — C'est l'*éclanche*, c'est-à-dire la viande achetée pour la nourriture des hommes.

— Ce plus petit triangle en forme de coin? — Du fromage.

— Cette espèce de rose largement épanouie? — Un chou.

— Ce pont en dos d'âne surmonté d'une croix? — Le pont de La Charité.

— Cet autre pont avec une croix à base plus large? — Le pont de Gien.

— Ces points? — ce grènetis? — Du sel.

— Cet embranchement de rivière? — C'est la jonction du canal avec la Seine.

Plus loin il indiquait les sommes payées aux baliseurs et à chaque homme d'équique; chaque individu avait son graffite propre. Telle était la *manière* de notre marinier...

On a retrouvé, il y a peu d'années, sur les roches de la Norwége, des **graffites** d'un âge pré-historique; eh bien! les hommes et les bateaux qui y sont figurés (1) ressemblent presque exactement à ceux que nous reproduisons. C'est que, à toutes les époques, le génie primitif de l'homme a un caractère similaire, un même instinct d'intelligence... celui donné par la nature

Il existe donc des lois générales auxquelles tout obéit, et les éléments communs qu'elles comportent ne prouvent-ils point l'unité du genre humain ?

§

Époque gallo-romaine.

Il n'est pas donné à tous d'aller à Corinthe ; mais il est permis au moins à l'archéologue d'égarer ses pas et ses rêveries sur les emplacements, assez nombreux en nos contrées, où s'élevait la demeure des conquérants des Gaules.

Captivé par un attrait irrésistible, il y vient et revient sans cesse, et s'il ne peut dire, comme sur les ruines fameuses de Thèbes et de Palmyre : *Ici fleurit jadis une ville opulente*, il s'en console en répétant : Ici s'étendait la *villa agraria*. — Voilà une portion de la meule qui servit à Simulus pour préparer son *moretum* virgilien ; — là était le portique de la *Villa Urbana* ; — voilà le *præfurnium* de l'hypocauste ; — voici la cendre et le charbon sortis des *officinæ*. — Les maîtres opulents de ces lieux venaient donc de se faire servir des crustacés quand survinrent les barbares pour accomplir leur suprême destruction ?... De nombreuses valves ostréaires sont mêlées aux cendres du foyer !...

Il demande au sol la restitution de quelques médailles, et quand il a recueilli quelques minimes épaves, il se dit : Comme un reste d'inscription ferait mieux mon affaire !

Mais, hélas ! notre *alma parens* gallo-romaine en est bien

---

(1) *Revue des cours scientifiques* (février 1870).

avare..... Elle veut sans doute nous épargner de trop vives émotions !

A Chezelles, commune de La Guerche, au milieu des débris de sculptures qui nous permettront peut-être de restituer sur le papier un portique où le ciseau s'était complu à prodiguer sa plus riche ornementation, nous avons ramassé un fragment de moulure sur lequel se trouve tracé en creux le nom de

IDALLVS.

Nous tenterons un jour de faire agréer le radical IDALL... comme formant le nom d'un *vicus* que nous serions fier de restituer à la *Gallia vetus*.

Plus d'une fois on nous a demandé pourquoi les tuiles (*tegulæ*) que nous rencontrons en abondance dans nos contrées ne portaient point le nom ou le sigle du *pictor*.

Voici notre réponse : Notre sol contient une terre propre à la fabrication tégulaire, et nous proposons d'admettre en principe que chaque *villa agraria* possédait comme annexe, une fabrique de tuiles et peut-être de poterie commune, nécessaires à l'entretien de la colonia ; or, comme les produits n'étaient point livrés au commerce, il devait être inutile d'indiquer leur provenance nominale.

Une déception.

Un jour, nous errions sur l'autre rive de l'Allier, près de ces lieux où furent exhumés les deux beaux bustes de marbre qui font l'orgueil du musée lapidaire de notre porte du Croux ; nous arrivâmes sur le *calcatum* d'un chemin dès longtemps abandonné et qui sans doute avait servi de chaussée protectrice à la villa romaine de Saincaize, dont s'est emparée la gare du chemin de fer, cet autre conquérant !

Bientôt, à travers le lierre et la vigne folle, *lambrusca racemis*, nos yeux rencontrèrent, gisant à demi enfoui dans le sol, un fût de colonne sur lequel venaient s'asseoir les pâtres d'alentour.

Nous nous empressâmes d'interroger le vieux débris et de lui demander quelque confidence de la vie privée des anciens.

Nous reconnûmes, gravée à la pointe, une *ascia*, comme on en voit sur les tombeaux romains; plus loin nous lûmes le nom de

AVIENVS.

Puis bientôt, écartant les broussailles, nous distinguâmes deux longues lignes parallèles, traversées par d'autres lignes méthodiquement espacées..... Le chercheur aurait-il trouvé une mesure antique, *mensura delineata !!*.....

Hélas ! la sarcastique vérité n'était pas loin !..... Il lut en toutes lettres le nom péremptoirement nivernais de RIVAILLON......

Comme sous le ciel de l'Ausonie, les pâtres de la vallée viennent ici se reposer sur des débris romains, et tout en gardant son troupeau, *pastor Rivaillon* avait graffité le railway qu'il avait devant les yeux.

La voie de fer a vaincu la voie d'eau; les habitants de ces rives, oubliant les ancres et les bateaux, graffitent des wagons et des trucs !.....

Nous avons néanmoins redressé la colonne, et sans trop molester Vitruve, nous l'avons surmontée d'un chapiteau découvert à La Guerche, et nous lui avons donné une base provenant de la villa de Chezelles.

Avienus et Rivaillon ! l'ascia et les coussinets ! ont un asile protecteur.

Et malgré la déception l'archéologue a encore quelque fierté quand il regarde sa trouvaille !

ÉPIGRAPHIE TUMULAIRE.

PROLÉGOMÈNES.

La moisson que va nous offrir l'épigraphie tumulaire sera peu fructueuse; nous n'avons ni inscriptions plus ou moins celtiques, ni inscriptions fixées à quelque *loculus*, ni lames, — *lamina* — ni tumuli authentiques — ni mémoires, — *memoriæ* d'une antiquité merveilleuse : le temps a tout dispersé.

Et pourtant, à toutes les époques et chez toutes les nations, le respect dû aux tombeaux a été édicté dans toutes les lois civiles et religieuses ! et les femmes du Nouveau-Monde vont encore bercer religieusement les corps morts de leurs enfants suspendus aux lianes des forêts.

Chez les Romains, les tombeaux étaient considérés comme des monuments tellement immuables, que dans les termes juridiques ils étaient désignés comme points de délimitation agraire.

En Thessalie les inscriptions grecques mentionnaient la prescription d'entretenir des roses sur la sépulture des morts.

Nous avouons préférer cette touchante invitation à celle qui se lisait dans une église d'Autun sur la pierre tombale d'un seigneur des environs, et que nous rappelons, parce qu'elle mentionne le nom porté par un de nos barons de La Guerche :

> Holà, oh gros lourdaud
> Passe-pied sur ce tombeau.
> Ci-gist un homme, ce dit-on,
> On l'appelait de Montolon.
> (Courtépée.)

Les premiers chrétiens qui, selon d'anciennes coutumes, préparaient de leur vivant leur monument sépulcral — *loculos sibi paratos* (saint Victor M) — prononçaient des prières et des anathèmes contre ceux qui oseraient violer leur dernier asile.

Si quis hunc tumulum violare tentaverit anathema set.

Charlemagne voulait que celui qui violait les tombeaux perdît la moitié de ses biens et fût noté d'infamie. — *Si major persona in hac scelere fuerit deprehensa, amissa mediate bonorum suorum perpetua notetur infamia.* (L. VII, cxxxvi.)

Enfin, à l'époque de la Révolution, un représentant du peuple nommé Regnaut, se trouvant en mission à La Guerche, faisait injonction au corps municipal « d'avoir à fournir un
» drap tricolore pour la sépulture, respectée même chez les
» barbares, et d'y joindre une pique au bout de laquelle doit
» être le bonnet de liberté, pour accompagner le *convoi à des-*
» *tination....* »

Hélas ! les fastes de l'humanité abondent en événements où se trouvent violées les lois les plus sacrées ! Ne soyons donc point étonnés si le respect universellement réclamé par les tombeaux n'a point toujours été observé. La curiosité, la cupidité qui partout croit trouver des trésors, l'invasion soldatesque, les révolutions populaires, l'indifférence des contemporains et de leurs successeurs, et jusqu'à la triste nécessité (1)

---

(1) Les archives d'Auxerre mentionnent divers procès-verbaux dressés à l'occasion des visites épiscopales dans les paroisses. On y trouve souvent la prescription adressée aux fabriques d'avoir à faire

qui procède avec ses arguments utilitaires, tout enfin a contribué à faire disperser les cendres de nos aïeux et à renverser les monuments élevés à leur mémoire.

Les Pharaons eux-mêmes, malgré leur puissante prévoyance, sont-ils parvenus à mettre à l'abri de toute violation leur prodigieuse sépulture ? et l'histoire ne se demande-t-elle pas aujourd'hui où fut le tombeau de Julius César ?

§

Époque celtique.

Il n'existe point dans notre canton de monuments mégalithiques. Comme souvenir de l'époque celtique ou gauloise il nous reste :

— Un champ situé commune du Chautay, qui porte encore aujourd'hui, tantôt le nom du champ de *la Pierre-Pointe*, tantôt le nom du champ de *la Pierre-qui-Danse*.

Au milieu de cette pièce de terre on voyait encore il y a vingt ans une énorme pierre *sauvage* (1).

— Il y a aussi à La Chapelle-Hugon un petit hameau qui se nomme les Pierres-Pointes.

— Enfin, près de La Guerche, dans le champ de la Garenne, nous avons été assez heureux pour pouvoir exhumer plusieurs bracelets de cuivre, un fer de lance et une lame d'épée.

Quant aux *tumuli*, aux *murgers* et aux *barrows*, nous sommes forcé d'avoir recours au fameux point d'interrogation, d'un usage si commode ? Nous dirons que dans nos contrées, il existe encore bon nombre de ces amoncellements de terre

---

disparaître de leur église les tombeaux *eslevés* qui gênent les solennités du culte. Un capitulaire de Théoduphe « évêque d'Orléans, disait : « Les corps qui sont dans les églises ne seront pas ôtés, mais on enlèvera » les tombeaux, et on les couvrira de pavé, de sorte qu'ils ne paraissent » point. »

(1) En langue romane, *pierre sauvage* se dit · « se elle n'est taillée. »

désignés sous le nom de *mottes*. Nous avons noté exactement l'emplacement de ces buttes artificielles qui disparaissent chaque jour, mais il n'entre pas dans notre cadre de décider s'il convient d'y voir des *tumulus* ou des *castellum*.

Époque gallo-romaine.

Les vestiges de l'occupation des vainqueurs des Gaules ne sont pas rares dans nos campagnes ; mais le chercheur se demande en quel lieu il pourra découvrir le *polyandre* qui donnait à tous un dernier asile, le *columbarium*, qui recevait en dépôt les urnes cinéraires, et le *conditorium*, c'est-à-dire le caveau souterrain qui servait de sépulcre particulier, avec son titre DIIS MANIBUS ?

Nous avons découvert il y a dix ans une cella gallo-romaine dans le champ des Crées, dépendant du domaine de Salbœuf, appartenant à Mme Elie de Baumont. Le caveau était profondément rempli de terre et d'ossements humains ; nous avons compté onze têtes qui révélaient des âges bien différents. Un des crânes, que nous avons conservé, serait peut-être digne de l'observation des crâniographes ; de plus, il porte à son sommet une perforation nettement accusée qui semble indiquer qu'il a dû être frappé par la lame d'une arme meurtrière.

La cella un instant mise au jour reste maintenant ignorée ; et, comme pendant le cours des siècles antérieurs, la charrue passe et repasse sur le sol aplani.

Les habitants de Germigny, ne se souviennent plus que de la légende féerique qui plane encore avec terreur sur le champ des Crées.

§

Le villa du Gravier nous a offert la base d'une petite statuette semblable à celles que nous allons bientôt d'écrire, et quelques fragments de verre sombre et épais qui ont dû faire partie d'une urne funéraire.

1. 2. 3.   Imagines sepulchrales.
                              Page 111.

Coq de l'église
du Gravier.

Page 17.

L'étang de Paing, qui restituait dernièrement une lame d'épée et un *cuspis* de lance en bronze, nous révélait aussi, il y a trois ans, la sépulture de quelque *colona* qui, jeune encore, avait été ensevelie sous un *tertre* bordant le chemin ; la tête reposait sur un débris de meule en grès. Était-ce par symbolisme, ou pour se conformer à quelques rites que la *molla domestica* avait été brisée ?

§

Les Romains habitant les bourgades, *Pagani*, déposaient leurs tombeaux sur les bords de voies qui y accédaient.

Sur l'ancien chemin de La Guerche au Gravier, *de Gercia ad Gravarium*, il a été découvert un lieu de sépulture ; un grand nombre de squelettes s'y trouvaient juxtaposés ; et on y a recueilli deux fers d'épée qui ont été envoyés au musée de Bourges, alors en création.

Près de Torteron, au lieu dit les Gueffiers et sur le bord du grand chemin, il a été aussi exhumé, il y a vingt-cinq ans, plusieurs cercueils de pierre qui remontaient probablement à l'époque gallo-romaine.

§

Enfin, *toujours en la commune de La Guerche*, dans l'importante villa de Chezelle, qui a absorbé sous une appellation féodale un nom primitivement romain que nous espérons restituer un jour, nous avons trouvé deux statuettes de pierre que nous proposons de classer au nombre des *imagines sépulchrales*, tant elles ont de similitude avec les sculptures qui figurent sur les stèles gallo-romaines trouvées à Aléan (Cher) et qui représentent les *defuncti* avec leurs attributs professionnels (1).

---

(1) Les musées de Sens et de Bordeaux offrent des stèles identiques.

La première statuette nous offre un personnage assis sur un siége à *dosseret*; sa main droite s'appuie sur une longue bourse, *marsupium coriacum*, de laquelle s'échappe une série de monnaies. La main gauche repose sur un pain placé sur le genou.

Nous sommes porté à croire que ce personnage était un *mensarius*, c'est-à-dire un officier chargé des fonctions de distribuer au peuple l'argent et le pain, que l'on appelait *gradilis*, parce qu'il fallait monter sur une estrade pour l'aller recevoir.

La seconde statuette représente un personnage revêtu de la toge désignée sous le nom d'*imperialis*. Le mouvement du bras droit indique que la main devait tenir un attribut qu'il ne nous est point permis de rétablir.

Époques romane et mérovingienne.

Dans les premiers temps du christianisme nouvellement prêché dans nos contrées, c'était un privilége désirable pour les néophytes d'être enterrés à l'ombre de ces saintes et modestes chapelles qui, jusqu'à l'an 1000, s'élevaient çà et là dans nos campagnes. Aussi, dès le septième siècle l'Église finissait par tolérer partout les inhumations dans le pourtour des temples.

De ces époques reculées il nous reste un débris de sarcophage qui fait partie de la muraille intérieure du clocher de Germigny; le dessin de ce fragment représente une suite d'arcatures dont le rapprochement forme une série de croix en champ levé.

Les chapelles de Saint-Gris (*Sanctus Gresilius*), près de Cuffy; — de Sainte-Anne, près l'ancien château de Salles, en la paroisse de La Guerche; — de Saint-André, à Jouet, ont tour à tour reçu en dépôt des sarcophages de grès, dont quelques-uns subsistent encore.

Les abords de l'emplacement de l'ancienne église de Baulne-lez-Cuffy (*Belna*) en offrent divers spécimens; et non loin de là se trouve une pièce de terre qui se nomme encore le champ des Cercueils.

Nous avons voulu interroger quelques-uns de ces sarcophages ; ils ne nous ont pas livré leur secret. Point d'inscriptions, point d'objets révélateurs et de contemporanéité, point d'*ascia* romaine, point de signe cruciforme et mérovingien.

A travers des fissures opérées par la suite des siècles, la terre du sol était parvenue par infiltration à se mêler aux ossements humains.

Une tête reposait sur une pierre non taillée ?

Deux autres têtes présentaient à partir des arcades sourcillères un front excessivement fuyant ; *quid de humano genere ?*

Dans ces sarcophages nous avons trouvé quelques débris de vases qu'on est convenu de désigner sous le nom de poterie franke ; un seul était à peu près entier.

Bien que l'ancienne église de Baulne et que les sépultures qui l'avoisinent aient été établies sur des substructions romaines, nous devons supposer que ces sarcophages sont postérieurs à l'occupation des conquérants des Gaules.

§

Le pourtour de l'église du Gravier a longtemps détenu et conserve encore, enfouis sous son sol, un grand nombre de ces sacorphages en forme de gaîne qui, tous, sont dirigés de l'ouest à l'est (1).

Dans tous les lieux destinés aux sépultures de cette époque nous avons recueilli une grande quantité de ces petites urcéoles qui servaient à recevoir l'eau bénite et quelques-unes à brûler l'encens.

---

(1) L'usage d'enterrer les morts en tournant leurs pieds vers l'Orient est encore général parmi les chrétiens. Il est rigoureusement observé en la paroisse du Chautay.

Enfin, sur l'emplacement même de l'ancienne église de Dompierre, *de Damná Petrá*, qui était mis *en découvert* pour l'exploitation d'une carrière, les ouvriers ont détruit en 1850 une vingtaine de ces cercueils de pierre, qui provoquèrent alors la curiosité de la commission historique de Bourges.

Le bon curé de la commune de Saint-Germain, interrogé en cette occasion, répondit par une lettre qu'il a consignée dans un des registres de fabrique ; il disait « que quelques-
» uns de ces cercueils contenaient jusqu'à sept cadavres (1) ;
» — que la longueur des os faisait supposer qu'ils étaient
» d'une race d'hommes autre que la nôtre ; — que plusieurs
» des têtes avaient aux yeux des petites pièces de monnaie qui
» tombèrent en poussière avant que l'on ait pu déchiffrer
» *le millésime;* — qu'enfin ce lieu devait être un *cimetière*
» *payen.* »

. . . .

M. le Curé de Saint-Germain et de Dompierre savait sans doute fort bien administrer sa paroisse ; assurément il n'était point un archéologue.

§§

Hélas! ces pierres *pointes* et sauvages, ces torques de bronze lustrées d'une verte patine, ces glaives rongés de rouille, ces fragments d'urnes cinéraires, ces olla, ces débris de sarcophages à croix mérovingiennes, enfin tous ces souvenirs palpables des temps antiques ne nous ont point livré un seul nom d'homme!.... *Singula quærens.*

Nomina difficile est replicare quænam.

Telle était la réponse que faisait Prudencius à l'évêque Valerianus.....

---

(1) **Les capitulaires de Charlemagne prescrivaient,** *ut mortuum super mortuum non ponant.* (Cap., lib. VI.)

La mesure exigée par l'hexamètre ne comportait pas toute la vérité, c'est-à-dire le *non possibile*.....

Rentrons dans nos modestes paroisses.

§

Le Chautay.

L'église du Chautay a emprunté pour son dallage une pierre tombale qui se trouvait dans l'ancien cimetière. On y lit :

> CREDO QUOD REMPTOR
> MEVS VIVIT ET IN NOVISSIMO
> DIE DE TERRA SURRECTVRVS
> SVM ET IN CARNE MEA VIDEBO
> DEVM SALVATOREM MEVM.
> REPOSITA EST HŒC SPES MEA
> IN SINV MEO.
>
> (Livre de Job, chapitre IX.)

> ICI GIT
> MESSIRE GVILLAVME DE TENON
> ESCVIER DÉCÉDÉ LE 26 MAY
> 1709. PRIEX POVR
> SON AME.

§

Guillaume de Tenon, paroissien du Chautay, avait dicté son testament à Joseph Blondat, curé du lieu, le 26 mai 1709.

Il voulut que son corps fût inhumé au pied et devant la croix du cimetière.

Il demanda « que ses obsèques se fissent avec la modestie » et simplicité chrétiennes, et que tout ce qui pouvait sentir » l'ostentation et la vaine gloire fût banni. »

— 116 —

A défaut de sa femme, il nomma pour tutrice à ses six enfants Louise-Marie Richard, aïeule de sa femme.

Il avait épousé à Saint-Pierre-le-Moûtier, le 31 mars 1693, Jeanne de Gallaix, fille de François de Gallaix, garde des sceaux au bailliage, et de Louise Richard (de Soultrait), laquelle décéda au Chautay, où elle fut inhumée auprès de son mari, le 10 novembre 1734, à l'âge de soixante ans.

Nous avons dit comment Joseph de Tenon, leur fils, devint seigneur du Chautay.

Nous supposons que si Guillaume de Tenon voulut être enterré dans le cimetière plutôt que dans l'église où se trouve aujourd'hui sa pierre tumulaire, c'est qu'alors il n'était pas encore seigneur de la paroisse.

Le 12 décembre 1762, Joseph de Tenon était inhumé à côté de son père et auprès de son oncle, Nicolas de Tenon, époux de Marie de Chaludet, lequel était décédé le 10 décembre 1733.

Le cimetière, qui touchait à l'église, a été transformé en une place publique. Sur l'emplacement même où avaient été déposées autrefois les dépouilles mortelles des descendants des barons de La Guerche, il a été implanté un arbre dit de la liberté. C'est un tilleul, *tilia Europea* ; les fleurs en seront douces aux générations (1).

§

Nous avons lu l'inventaire dressé après le décès de Joseph de Tenon, et nous y avons découvert : — une veste, brodée d'argent, à fleurs d'or ; — une autre, de lin brodé d'argent ; — un habit d'écarlate à boutons d'or. Voilà des vêtements

---

(1) Dans son *Essai historique* sur les arbres de la liberté, le conventionnel abbé Grégoire disait : « Les philosophes amis de la vertu et des » droits du peuple planteront sur les cadavres sanglants de la tyran- » nie l'arbre de la liberté, qui ne peut prospérer s'il n'est arrosé du » sang des rois. »

pour les bénédictions des cloches et pour les jours de gala.

Nous avons remarqué aussi que pendant le cours de sa dernière maladie il avait dû être fortement médicamenté, car au nombre des dettes passives nous énumérons une somme de 1,147 livres due pour médicaments au sieur *Quinquet*, apothicaire à Nevers.

Nous nous garderons bien de supposer que le mémoire ci-dessus additionné impliquait cette enflure proverbiale attribuée de tous les temps à la pharmacopée, surtout quand, pour la plus grande gloire de la cité de Nevers, nous savons que l'apothicaire dont s'agit a laissé son nom à un lumineux lampadaire.

§

Liber mortuorum.

Si nous entr'ouvrons l'obituaire de la paroisse, nous y trouvons des mentions bien succinctes :

« 2 novembre 1678, est inhumé le fils à Dumonceau.

» 5 novembre *id.*, est inhumé à côté la vieille Marbounette.

» 9 novembre *id.* . . . . . la femme à Dumonceau.

» 11 novembre *id.* . . . . . la petite fille à Robin.

» En 1729, Simon Pinelle est inhumé près de *l'eau bénitière.*

» Le 9 août 1734 a été enterré près la chapelle Saint-Loup, » Jean Daguin, âgé de quinze ans, qui a eu la *tête mangée* » par une bête ainsi que les entrailles. »

La chapelle, ou plus exactement, l'autel dédié à saint Loup existe encore dans l'église du Chautay.

Saint Loup était invoqué contre le mal de la peur ; le nom de ce saint révèle suffisamment l'espèce d'animal carnivore dont fut victime le pauvre enfant du Chautay.

Nous trouvons encore l'inhumation dans le cimetière, avec permission du juge, de Simon Saulnier, *lequel* est tué dans le bourg le 12 juin 1735, et celle de Pierre Gaillard, tué la même année par le tonnerre dans le champ de Coulange. Enfin Guy Blanzat de Levanges, le dernier président du ci-devant bailliage royal du Nivernais à Saint-Pierre-le-Moûtier, qui mourut à Bernay le 9 novembre 1793, repose lui aussi à l'ombre du tilleul symbolique dont nous avons parlé.

Patinges.

L'église de Patinges, qui est condamnée à disparaître bientôt, était remarquable par sa fondation primitivement romane et par sa réfection clunisienne.

Nous n'avons pas à en faire la description ; nous dirons que deux chapelles existaient dans cette église ; l'une appartenait aux seigneurs de Patinges et l'autre aux seigneurs de Codes.

Les inscriptions tumulaires ou à cause de mort qui se trouvaient dans l'église de Saint-Martin de Patinges ont disparu.

Il nous est pourtant permis d'en rappeler le souvenir que nous avons retrouvé mentionné dans des registres notulaires.

I.

Messire Pierre des Ruyaux, qui avait abandonné l'antique manoir situé en la paroisse du Veuillin, et auquel il devait son nom, pour habiter l'hostel de Patinges, fait en 1629 ses dispositions testamentaires. Il demande : « En cas que Dieu fasse
» son commandement de lui, à estre *inhumé* et *interré* dans
» la sépulture de ses prédécesseurs en l'église de Patinges,
» à laquelle il fait don de 24 livres, payables annuelle-
» ment.

» Et veust six prêtres qui seront nourris et payés.

» Il veust que sur sa sépulture soit placée une pierre de sa
» perrière des Ruyaux avec inscription et portraicture. Sur
» laquelle sera dit un *Libera* chacun dimanche. »

Nous n'avons point retrouvé cette page de pierre.

II.

Le 13 juin 1652, Gabrielle de Ruel, veuve de François Duhault, vivant écuyer, demeurant à Donzy, faisait son testament dans le manoir de Codes, et demandait que sa sépulture fût faite en la chapelle de Codes, en l'église de Patinges.

Elle léguait à cette chapelle : « une jupe à son usage, de
» tabis à fleurs, pour estre fait un pardevant d'autel. »

III.

Honnête femme Marie Coiffard, veuve de René Bry, vivant huissier royal, lègue, le 15 juillet 1687, à la fabrique de l'église de Patinges, le pré Dessous et le pré de la Collinerie, limités par la rivière l'Aubois, à la charge de faire dire deux messes, l'une à l'autel de la Vierge et l'autre au grand autel, pour son mari, à l'honneur du glorieux *saint Aismable*.

Elle veut être enterrée dans l'église, près de son mari, et qu'il soit posée *une épitaphe de pierre*.

IV.

Le samedi 6 août 1689, Gabrielle de Marion, veuve de Charles de Tripier, seigneur de Pierry, fait son testament dans le château de Codes.

« Elle entend que son corps soit inhumé en la chapelle où
» ses père et mère ont été inhumés, en l'église de Patinges, et

» où elle et lesdits ancêtres se sont mis ordinairement et
» *même y ont leur banc.*

» Elle veut une messe dite en ladite chapelle pendant un
» an, pourquoi il sera payé 80 livres par ses héritiers.

» Elle lègue à la fabrique 150 livres, à la charge de faire dire
» annuellement et à perpétuité quatre messes pour le repos
» de son âme.

» Et pour que la présente donation soit notoire à perpé-
» tuité, sera exécutée une *épitaphe en marbre ou cuivre* qui sera
» mise en ladite chapelle. »

Nous ne retrouvons ni le marbre ni le cuivre.

Nous ne retrouvons point non plus *la mémoire* d'une pieuse fondation faite le 25 avril 1690, par Phiberte Bardin, veuve de Guillaume Barré, qui avait légué à la fabrique tous ses biens de Patinges et de Garchizy. Et pourtant elle avait prescrit, *pour que la cause et la forme de la fondation fût notoire à jamais, elle soit gravée sur une pierre de taille posée en l'église en quelqu'endroit où elle se pourra voir.*

§

L'église comme le cimetière ont été abandonnés depuis quelques années; le sol où reposaient les morts a restitué un anneau sur lequel on lit cette inscription grecque :

† O TEOS † ATNATOS † AGIOS.

Saint-Germain.

L'ancienne église de Saint-Germain ne nous a fourni qu'une seule inscription tumulaire; elle était incrustée dans la muraille et avait subi une échancrure. Mais il est facile de rétablir les mots qui ont été enlevés :

Ci-gist . défv NT . IEHAN .
Tréhard . vivant . MAISTRE . DE . FOR
ge . demeurant . AV . FORNAY . PAROISSE .
de . St-Germain . LEQUEL . EST . DÉCÉDÉ . LE .
.... JUNG . 1612 . LE . DIT .
monument . A . ESTÉ . FAICT . A . LA . SUS .
citation . DE . HONNESTE . FEMME .
Mich ELLE . PIERRE . FEMME . DU . DICT .
DÉFUNT . TRÉHARD . PRIEZ . DIEU .
POUR . SON . AME . AMEN.

§

Nous trouvons le nom de Jehan Tréhard dans une charte du cartulaire de Fontmorigny. En 1605, honorable homme Jehan Tréhard, marteleur au fourneau du Crottet, et Michelle Pierre, sa femme, vendaient audit couvent la moitié de la motte des Gueffiers, sise en la paroisse de Patinges.

En 1610, le 22 mars, devant Vaillant, notaire à Nevers, Eustache du Lys, évêque de Nevers, abandonnait à Marie Desjours, veuve de Philibert de La Chasseigne, seigneur de Sermoise et de Gâcogne, les profits évalués à 100 livres, dus sur le bail à cens consenti par Louis de La Chasseigne à Jean Tréhard, maître de forge du Crottet, dépendant de la terre de Gâcogne.

§

L'échancrure rectangulaire pratiquée dans *ledict monument* avait été une nécessité de la nouvelle appropriation de l'église de Saint-Germain qui, après avoir été pendant quelque temps transformée en temple de la Raison, devait bientôt servir à la fabrication d'une autre *ultima ratio*.

Le 22 ventôse an II, le représentant du peuple Ferry enjoignait de débarrasser le susdit temple de tous les objets qui remplissaient *sa capacité*, afin de le rendre libre pour l'établissement d'une fonderie de canons.

L'*arsenat*, comme on le dénommait alors, fonctionna avec succès; mais la commune, bien qu'elle eût pris le nom retentissant de la Canonnière-sur-l'Aubois, n'en continua pas moins à ne *posséder pour toute artillerie*, que des boîtes *chargées d'annoncer que la flamme commençait*, alors que l'on célébrait quelques grands événements patriotiques avec des feux de joie.

Cours-les-Barres.

Les seigneurs de Cours-les-Barres n'avaient point leur sépulture dans l'église de Saint-Pantaléon.

Les barons primitifs avaient choisi pour *giséir* le couvent de Fontmorigny. Aujourd'hui, dans la vaste église de cette puissante abbaye, nous rechercherions en vain quelques vestiges apparents des monuments funéraires qui ont dû s'y trouver en grand nombre. C'est que, pendant le cours du dernier siècle, les chapitres des cathédrales, les moines, les religieux, faisaient sans vergogne enlever ou détruire la majeure partie de ces souvenirs tumulaires.

Le dessus du maître-autel de cette église est une belle pierre tombale à demi *blanchie*; quelques lettres onciales que le ciseau a respectées, parce qu'il ne pouvait faire autrement, semblent nous indiquer que cette dalle a recouvert Pierre de Fóntenay, lequel, en 1312, payait au couvent 50 livres tournois pour giséir, lui et ses hoirs, en temps advenir.

Une autre pierre tombale sert de marche à l'autel de l'église de Neuvy-le-Barrois; nous ne doutons pas qu'elle n'ait été jadis placée sur la tombe d'un des Barres.

Enfin, à la porte de notre église de Saint-Pantaléon, c'est encore une pierre tombale que le goût utilitaire y a fait déposer.

Au-dessus se trouve fixée la boîte aux lettres; la pierre sert de marchepied à l'enfant chargé d'aller y confier quelque missive, et elle est en même temps réputée *comme très-commode pour faire respirer les morts* avant de pénétrer dans l'église.

Cette tombe était celle de Jean-Baptiste Moreau, archiprêtre-chanoine de Frasnay et curé de Cours-les-Barres. Il avait été inhumé dans le cimetière le 13 mai 1756.

En 1745, devant Triballat, notaire à Nevers, il avait fait donation à ses successeurs, curés de Cours-les-Barres, d'une grange et d'une maison appelées la Cour-des-Maillets, avec sept œuvres de vigne, à la charge de prières perpétuelles pour le repos de son âme. Il fut le premier curé du lieu enterré dans le cimetière.

Son successeur fut Charles-Jacques Noël, né à Nevers en la paroisse Saint-Arigle, qui devint archiprêtre, et décédait à Cours-les-Barres le 31 août 1783, à l'âge de cinquante-deux ans.

Il nommait pour exécuteur testamentaire le baron de Givry, Claude-Pierre Marion, demeurant en son hôtel, à Nevers, rue des Francs-Bourgeois, auquel il léguait une partie de sa bibliothèque.

Il entendait qu'il ne fût rien demandé à ceux qui lui devaient du blé, des enterrements ou de l'argent prêté, et il léguait 100 livres à la fabrique.

Il prescrivait aussi « que les messes qui lui restaient à acquit-
» ter fussent acquittées, *lesquelles messes sont écrites dans la
» sacristie, sur un papier où il a soin de marquer d'un trou
» d'épingle, selon qu'il les a acquittées.* »

Nous ne doutons nullement que M. le baron de Givry ne se soit dignement acquitté de ses fonctions testamentaires, car nous le voyons assister avec recueillement, et sans doute avec regret, *bené merito*, au convoi de son cuisinier, qui s'était noyé dans le crot de la Chatte !

Nous retrouverons bientôt à Apremont la statue tombale d'un seigneur de Cours-les-Barres.

Cuffy.

Dans l'intérieur de l'église de Cuffy, il existe deux inscriptions murales à cause de mort. L'une et l'autre sont encadrées dans un tableau de pierre ornementé de petits placages en marbre. Malheureusement la mutilation révolutionnaire ne les a point respectées, et elle a atteint jusqu'aux larmes sculptées qui parsemaient un des tableaux.

Voici la première inscription :

CY GIST DEFFUNCTE HONESTE FEMME GVILMETTE DILIGENT FEMME DE HONESTE PERSONE IEHAN CHARBON MARCHANT DEM EN CESTE PAROISSE LAQUELLE DÉCÉDA LE 18ᵐᵉ JOUR DE SEPTEMBRE 1607.
PRIEZ DIEV POVR SON AME.

§

La défunte est élégamment représentée à genoux, sur un prie-Dieu à *lectrin*, lequel est recouvert d'un *drapel* avec le livre d'*heures* par-dessus. Les mains de l'orante sont jointes ; sa tête est revêtue d'une cornette.

Devant le prie-Dieu s'élève l'arbre de la croix, portant le divin Rédempteur. Autour apparaissent des nuages au milieu desquels se voient la lune et le soleil à figure humanisée.

Le symbolisme a coutume de rappeler qu'au moment du dernier soupir rendu par le Sauveur, ces astres éprouvèrent une perturbation qui effraya l'humanité, plongée tout-à-coup dans l'obscurité. Le soleil est radieux, la lune a la forme d'un croissant. *Luna decrescens defectum nostræ mortalitatis designat.* (Saint Grégoire-le-Grand.)

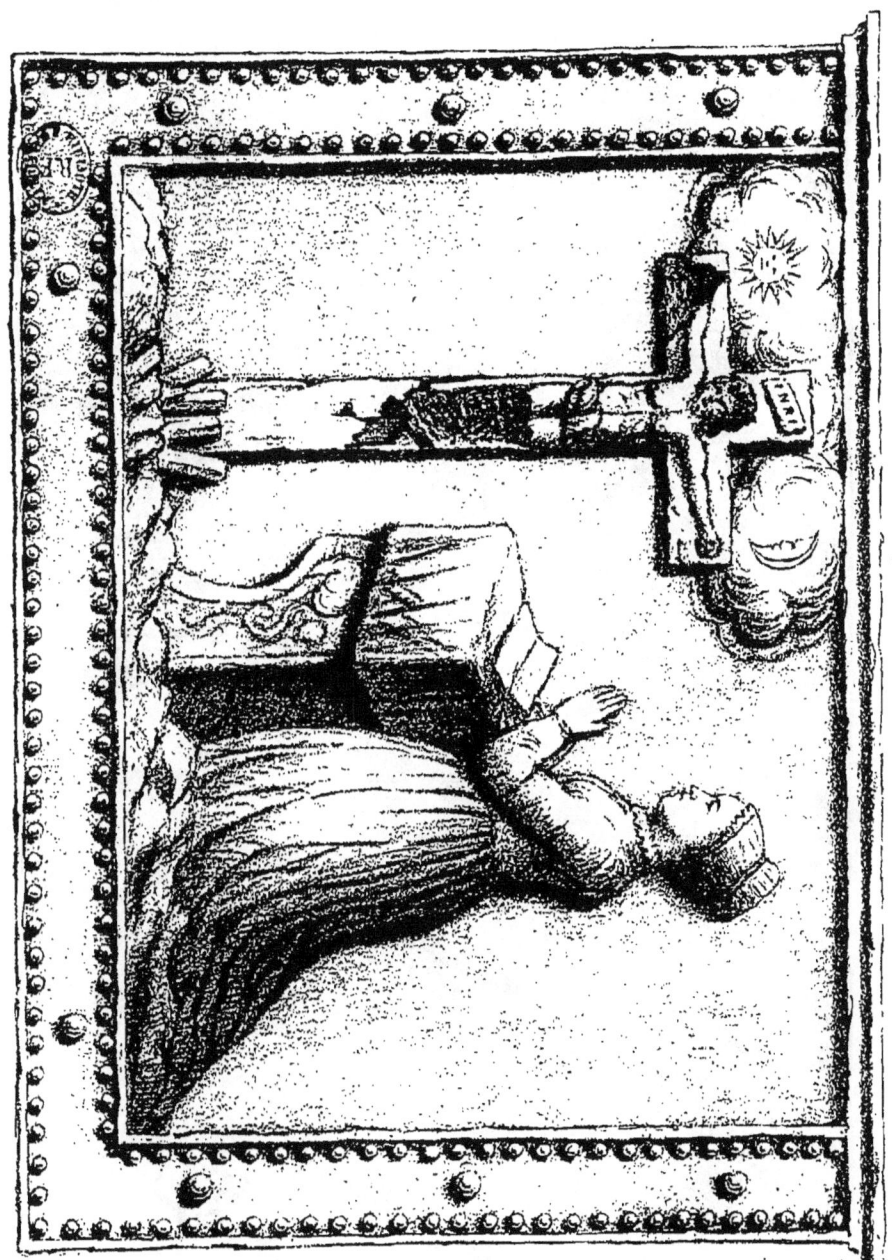

Guillemette Diligent.

Page 124.

Claudine Morin.

Page 195.

§

La seconde inscription est ainsi conçue :

CY GIST DEFFUNCTE HON^te FEME CLAVDINE MORIN ELLE VIVANTE FEMME DE HONESTES PERSONNES IEAN CHARBON LAQVELLE DECEDDA LE JOVR DE SAINT-PIERRE 22 DE FÉVRIER 1609.
PRIEZ DIEV POVR SON AME.

Défunte Claudine Morin est représentée dans la même attitude que sa devancière Guillemette Diligent. Ces deux petits monuments sont d'une très-bonne exécution ; on y reconnaît volontiers la main d'un seul et même artiste. Dans le fond du second tableau, le sculpteur a tracé en relief des tours rondes et carrées, rejointes par une enceinte de murs crénelés, du milieu de laquelle s'élève un petit clocher ; plus loin et au-delà on aperçoit un moulin à vent, tournant sur pivot ; nous avions tout d'abord voulu distinguer une *Jérusalem* ; mais il convient de reconnaître dans le développement du dessin, le château de Cuffy avec sa chapelle castrale, tel qu'il existait au commencement du dix-septième siècle.

§

La famille des Charbon, aujourd'hui complétement éteinte, avait pourtant été bien nombreuse dans la paroisse de Cuffy. Nous trouvons en 1572 : *Claudius, filius Stephani Charbo, et Moricæ uxoris ejus ;* — Antoine Charbon, vicaire en 1616 et plus tard curé de Cercy-la-Tour ; — Marion Charbon, notaire à Cuffy, et Louis Charbon, notaire à Apremont ; — enfin *noble* Étienne Charbon est docteur en médecine à Nevers en 1636.

Jean Charbon, qui fit successivement ériger les deux *memoriæ* que nous avons décrites était déjà marié en 1598.

Il mourut sans doute avant sa troisième épouse, dont l'histoire ne nous a conservé que la réponse qu'elle fit consigner dans un acte juridique.

En 1617, Charbon était fermier et accenseur du revenu des terres, justice et seigneurie du *Sauté* (Chautay). Or, en la même année, Michel Charpentier avait été rompu vif sur la place du Chautay, et une potence avec tableau avait été fournie par Jean Picot, charron, pour l'exécution par effigie de Jehan Ragot et de Jehan Carré, complices du supplicié. Les frais de haute justice incombaient au chapitre de Sainte-Croix d'Orléans, qui ne s'empressait point de les acquitter ; pourquoi Anthoine de Lucenay, prevost provincial du Nivernais, délivrait mandement pour contraindre, *comme pour deniers royaux*, Jehan Charbon, marchand, demeurant au Guétin, d'acquitter au nom des seigneurs hauts justiciers du *Saultet* la somme de cinquante-huit livres dix sols tournois, pour les causes susdites, et encore *dix escus et quarts vallant trente-deux livres, pour les espices et vision du procès et jugement rendu.*

Le sergent royal se présenta donc au domicile de Jean Charbon, et ne trouva que la femme d'icelui, laquelle « fit la
» réponse qu'elle ne avait argent, et qu'elle se gardait de mes-
» prendre (*mal dire, se commettre*). Ce qui a semblé un refus,
» au moyen de quoy l'huissier opéra la saisie de uns et
» chacuns des meubles dudit Jehan Charbon. »

Le même jour l'accenseur du Chautay était rencontré à Nevers, et il se mettait en mesure d'obéir à l'exécutoire.

Nous ajouterons, pour complaire aux criminalistes, que le tableau contenant l'effigie de Carré et de Ragot avait coûté quatre livres.

Quant au malheureux Michel Charpentier, il eut les bras brisés et rompus en deux endroits, tant haut que bas, avec les reins, jambes et cuisses ; et lui mis pour l'exécution de la haute justice sur une roue qui pour ce avait été haut placée et élevée, le visage contre le ciel, et y demeura vivant et fit pénitence tant et si longuement qu'il plut à notre Seigneur le laisser, et fut sur la roue mû jusqu'à ce que en fût ordonné par justice.....

Les criminalistes disaient alors que les supplices étaient nécessaires pour frapper des esprits que la *civilisation* n'avait pas suffisamment adoucis.

Les temps où nous vivons sont-ils loin de ces mœurs ?

Apremont.

L'ancienne église d'Apremont, fondée en 1217 par Guillaume des Barres, seigneur de La Guerche, et reconstruite en grande partie en 1475 par Philibert de Boutillat, bailli du Nivernais, conservait la pierre tumulaire de François de Roffignac; on y lisait bien simplement l'inscription suivante :

CY GIST M⁰ FRANÇOIS DE ROFFIGNAC
E. SEIGNEVR D'APREMONT.
PRIEZ DIEV POVR SON AME.

Cette pierre a été brisée lors de la démolition de l'église (1861).

Nous avons eu occasion de parler de François de Roffignac dont les dépouilles mortelles, longtemps protégées par la voûte du sanctuaire de Notre-Dame d'Apremont, se trouvent aujourd'hui ignorées dans le cimetière commun.

Nous avons retrouvé une autre pierre tombale sur laquelle est gravée l'inscription que voici :

CY GIST MARIE GILBERT BLAYET,
GREFFIER EN CHEF DE LA MARÉCHAUSSÉE DE NIVERNOIS
DÉCÉDÉ LE 16 8ᵇʳᵉ 1744.
LOCI CURATUS
SCULPSIT PATRIQUE DEDICAVIT.

§

Cette inscription est donc l'œuvre d'Etienne Blayet. Celui-ci, après avoir terminé son œuvre, dut formuler mentalement l'invocation qui, sur *la voie Nomentane*, se lisait sur les tombeaux des premiers chrétiens :

« N'oubliez pas dans vos saintes prières l'auteur et le gra-
» veur : OTOS KAI GRAPHANTOS. »

Le digne curé décédait le 26 décembre 1766, et était inhumé devant la porte de la chapelle du bourg d'Apremont, sur laquelle on peut lire encore en lettres mutilées :

NOTRE-DAME DE GRACE (1).

La pierre tumulaire ne porte aucune épitaphe, mais une légende populaire attribue à cette inhumation, faite exceptionnellement au milieu du bourg, le privilége particulier qui depuis un siècle l'a préservé du fléau des orages.

§

Nous avons trouvé mention d'un sonneur des cloches nommé Louis Blin, lequel est enterré *sous la cloche* (2).

Son enfant et sa femme, qui l'avaient précédé dans la tombe étaient ensépulturés à la même place.

Le culte des morts a parfois des mystères infinis et des sentiments que l'on ne saurait interpréter ; quoi qu'il en soit, on ne comprend guère aujourd'hui, à moins que dans la satire, un mari sonnant les cloches et piétinant chaque jour sur

---

(1) C'est dans cette chapelle que se tenaient, lors de la Révolution, les séances de la Société populaire.
(2) Dans la collégiale d'Avallon on disait : *enterré sous les cordes*.

Jacques des Barres-le-Barrois, sr de Neuvy et de Cours-les-Barres.

Jeanne d'Estouteville, femme de Jacques des Barres.

Page 220.

le sol même où repose sa femme. Nous devons cependant ajouter que le clocher était considéré comme un arrière-fief de l'église, comme une espèce de bénéfice, dont le titulaire était le sonneur des cloches; et à ce titre il percevait des redevances en blé et autres denrées. Les clés de l'église et du clocher étaient le signe visible de son investiture.

§

La jolie chapelle du château d'Apremont a donné un asile archéologique à deux statues de pierre. Debout aujourd'hui, elles ont reposé primitivement couchées sur un monument funéraire qui s'élevait dans l'église de Neuvy-le-Barrois.

Ces statues, qui représentent un seigneur et une dame de Neuvy et de Cours-les-Barres, méritent que nous recherchions leurs noms.

Le premier personnage est en costume de chevalier : hausse-col, cuirasse, brassards, tassettes, genouillères et cuissards, rien ne manque à son armure. L'absence du haubert à mailles nous indique une époque postérieure au quatorzième siècle.

Le corps est recouvert d'une cotte d'armes dont les retombées se terminent en franges sur les épaulières. Quatre écussons ornent ce surcot; il est facile d'y reconnaître les armoiries de la famille des Barres-le-Barrois qui portait *d'or à la croix ancrée de sinople*.

La seconde statue représente une noble dame coiffée d'une cornette et ceinte à la taille d'une longue cordelière qui rappelle l'époque contemporaine d'Anne de Bretagne.

Les mains des deux statues ont été brisées ; elles étaient juxtaposées dans l'attitude de la prière. Les pieds de l'une et de l'autre reposent sur un levrier, selon le symbole traditionnel.

La figure du chevalier indique un âge avancé ; des rides sillonnent le front dépourvu de cheveux.

La figure de la noble dame a des traits amaigris qui sont loin de révéler de jeunes années.

Le caractère purement sculptural, l'âge et l'*accoustrement* du premier personnage, nous invitent à le reconnaître pour être Jacques des Barres-le-Barrois, qui décédait en 1498, laissant trois enfants *meindres d'ans*, savoir : Louis, François et Jacques (1) dont la garde noble était confiée à Jeanne d'Estouteville, leur mère.

La seconde statue représenterait Jeanne d'Estouteville, décédée plusieurs années après son mari.

Nous devons supposer que Louis des Barres, devenu seigneur de Neuvy, et qui fut successivement maître d'hôtel de François, dauphin de Viennois, et du roi en 1536, aura pris soin de faire ériger ces tombeaux à la mémoire de son père et de sa mère.

Mais il advint quelques années plus tard que Jacques des Barres, successeur de Louis, embrassa résolûment les croyances des réformés. Il mourait en 1564, laissant pour veuve Marie de Barbançon qui, pendant quinze jours, soutint contre les catholiques un siége régulier dans son château de Bannegon et finit par devenir prisonnière du seigneur de Grossouvre (2) ; par suite, les tombeaux des des Barres ne furent bientôt plus dignes du respect qui les entourait autrefois.

Les deux statues que nous avons décrites furent enlevées de l'église de Neuvy pour servir de montants de cheminée dans l'officine du presbytère ; et là, on leur infligea depuis les noms vulgaires et peu respectueux de PÈRE TOUGNON et MÈRE RANGY (3).

---

(1) Jacques des Barres devint le protecteur de Guy Coquille, qu'il emmena avec lui en Italie.

(2) Il se trouva au château de Grossouvre un jeune gentilhomme qui, plein d'enthousiasme pour cette femme courageuse, sollicita et obtint sa main. (DE THOU.)

(3) Notre bien affectionné collègue, M. le comte G. de Soultrait, avec qui nous avions autrefois visité les statues tombales d'Apremont, en a parlé dans sa *Numismatique bourbonnaise*, à l'occasion d'un jeton de Louis des Barres, maître d'hôtel. Il conjecturait que le nom de *Toignon* devait convenir à un des Barres, qui se prénommerait *Antoine*.

Ces désignations avaient sans doute pris leur origine dans une assimilation, plus ou moins exacte, entre la ressemblance de deux bons paroissiens de Neuvy, connus sous ces noms populaires, et celle que présentaient les traits de Jacques Ier des Barres et ceux de Jeanne d'Estouteville.

La noble dame porte encore *ingloriose* les blessures ou entailles qu'elle a dû subir dans le côté, afin de détenir le tourne-broche presbytéral (1).

§

Extrait des registres paroissiaux.

7 août 1680. — Est inhumé, proche le mur du côté du maître-autel, vers l'évangile, le corps de Me François Villa-Dieu, père du curé de la paroisse, maître écrivain et arithméticien, décédé à Saint-Pierre-le-Moûtier.

1772. — Deux jeunes enfants sont inhumés sous le *chapiteau*; ils étaient du nombre des vingt-six enfants trouvés à Thiers, que Mme de Crozat, de Thiers, dame d'Apremont, faisait voi_turer par bateau jusqu'à Paris.

1773. — Le cimetière est interdit. Noël Sallonnier, époux de Edme Lichy-Lichy, substitut du procureur fiscal, est inhumé dans l'église.

1761. — Est ensépulturé un pauvre mendiant décédé dans la halle de la verrerie.

1777. — Est inhumé Alexandre André, ouvrier en verre blanc, qui a fait et donné une lampe à la chapelle de la Vierge.

---

(1) Dans la commune de Neuvy-le-Barrois, il existe une ancienne chapelle dédiée à saint Caprais; nous y avons trouvé l'inscription suivante :

† BERNA MONACA FECIT ISTA ECCLESIA †
† EA IN HOC P. SE. I.... (*présente sepultro jacet*).

L'abbaye des Bénédictines de Nevers avait des possessions dans la paroisse de Neuvy.

1761. — Le 4 février, jour de la cérémonie des Cendres, a été enséphulturé Gilbert Perrin, charpentier en bateaux, *jeune homme de quatre-vingt-treize ans*, étant décédé la *veille, jour de mardi gras*, après avoir reçu les sacrements. Signé E. Blayet, curé.

Cette étrange mention, pour servir d'acte mortuaire, nous dévoile tout un côté de l'individualité du bon curé d'Apremont. Aussi n'avons-nous point été surpris, lors de l'exposition céramique de Nevers (1863), d'avoir rencontré une pièce de faïence sur laquelle on lisait :

*A Etienne Bla*GUET,
*curé d'Apre*MENT.

Cette inscription satirique était due sans doute au bel esprit, Pierre de Frasnay, seigneur de Neuvy, qui avait établi dans ses domaines une fabrique de faïence, qui lui inspira son poème sur la faïence (1).

Le Veuillin.

L'ancienne église du Veuillin subsiste encore, mais elle ne nous livre aucune inscription murale ou tumulaire. C'est pourtant dans cette église que les seigneurs de Navenon et du Veuillin avaient leur sépulture. Laurent de Berthier, âgé de quarante-cinq ans, était inhumé dans le chœur, le 14 novembre 1683, ainsi que Louis-Édouard Berthier, décédé le 14 avril 1729, à l'âge de vingt ans.

Dans cette église existait une chapelle appelée la chapelle de Notre-Dame-de-l'Esclavage. On y venait prier pour la délivrance et le rachat des prisonniers. C'est près de l'autel de Notre-Dame que fut enterré, le 3 avril 1681, Jacques Baudot,

---

(1) Ce poème vient d'être réédité avec succès par M. le baron Daviller.

seigneur de La Plante, ci-devant marié en Allemagne avec demoiselle Marie Parmentier.

C'est aussi sur cet autel que fut présenté, le 26 mai 1671, le corps d'un enfant mort-né, auquel on put donner les honneurs de la sépulture.

Nous copions textuellement le récit du fait :

« Le jour du jeudi saint, au soir, a été apporté en l'église
» de ce lieu du Veuillin ung enfant de Louis Cortat et de
» défunte Edme Cocard, décédée en couches. Auquel enfant
» on ne connaissait aucun signe de vie, a esté présenté devant
» le Saint-Sacrement, qui estait ce jour sur l'autel de Notre-
» Dame, et avoué par toutte l'assistance aud. S.-S. et à N.-D.,
» laquelle était de plus de trente personnes, tant homes que
» femmes qui assistaient au divin service du soir, avoir vu
» touts avec moi aussi soussigné remuer l'enfant en vie, l'es-
» pace d'un quart d'heure, et a reçu par moi le baptême et
» inhumé le lendemain en l'église au-devant de l'autel de
» Saint-Firmin et Saint-Christophe.

» Toussain Lespan, oncle paternel dudit enfant en recon-
» naissance, a fait mettre devant l'autel de N.-D. un petit
» corps en cire jaune.

» (Signé) A. RIMBAULT, curé du Veuillin. »

§

Le sacrement du Baptême et par suite la sépulture en terre sainte a toujours été pour les catholiques la cérémonie la plus enviable. Aussi la désolation était grande dans les familles s'il arrivait que l'enfant nouveau-né ne se trouvait point en état de recevoir le baptême.

Il existait dans certaines paroisses des autels renommés et privilégiés au pied desquels on adressait à la Vierge et aux saints de ferventes invocations, afin d'obtenir que les enfants nouveau-nés sans donner signe apparent de vie devinssent en état de recevoir les eaux saintes du baptême.

Notre-Dame de Frasnay, en Nivernais, et Notre-Dame de Teudron, en Berry, étaient particulièrement invoquées dans ces circonstances, « afin que la vie fût donnée à l'enfant et » qu'elle apparût assez pour qu'il fût baptisé. »

Lors de son procès, Jeanne d'Arc fut interrogée sur le fait de la prétendue résurrection d'un enfant que l'on croyait mort, elle répondit qu'elle était allée prier avec les jeunes filles de Lagny pour la vie de cet enfant, lequel bâilla trois fois, revint à couleur, fut baptisé, puis mourut et fut inhumé en terre sainte.

La Chapelle-Hugon.

C'est à La Chapelle-Hugon, *in loco qui Capella Hugonis appellatur*, que Henri Ier, roi de France, tandis qu'il conduisait son armée à Notre-Dame-du-Puy, *dum ad podum sancte Marie exercitum duceret*, signait une charte en faveur de l'abbaye de Saint-Victor de Nevers, *in suburbio Nivernensi sitam*. (1031. — *Gallia christiana*.)

L'église doit remonter à une haute antiquité, en prenant pour preuve archéologique l'agneau pascal qui figure sur le tympan de sa porte.

Le prieuré relevait de Vézelay, *prioratus de Capellá Hugonis abbas Vezeliacensis in territorio Nivernensi diœcesis Eduensis* (1).

Le chœur de l'église était réservé à la sépulture des prieurs-curés et à celle des seigneurs de Grossouvre.

Voici la mention de quelques-unes des inhumations :

1581. — Anthoine Tartary, prêtre, vicaire perpétuel.
1588. — Messire Blaise Perrinet, curé.

---

(1) Nous ignorons pourquoi Nicolas de Nicolaÿ fait relever le prieuré de La Chapelle-Hugon et celui du Gravier du *prieuré de Monfaulcon*.
Le duc de Bourbon avait été associé par l'abbé de Vézelay à la justice de La Chapelle-Hugon en 1310. (Archives de Moulins.)

1730. — Adrien Galland, curé, décédé à l'âge de quarante-cinq ans.

1743. — Très-digne prêtre Nicolas Vallet, décédé à vingt-neuf ans.

1758. — Jean Favre, qui demanda cent messes en mourant, recommandées à son frère Flour Favre.

§

Le jour de leur prise de possession, les prieurs et curés étaient tenus de dire *un Libera sur la sépulture aux seigneurs du Grossouvre.*

Il n'existe plus qu'une seule dalle tombale sur laquelle on puisse lire encore :

CY GIST HAVLT ET PVISSANT SEIGNEVR..... LOVIS DE GRIVEL VIV..... CHEVALIER SEIGNEVR DE GROSSOVVE, TREZY LES BORDES, ET LA CHAPELLE-HVGON, MAISTRᵉ DE CAMP AV RÉGIMENT DE SAINCT GO.....YS POVR LE SERVICE DV ROI, LEQVEL TRÉPASSA LE 30 MAI .....3 PASSANT PRIE DIEV POVR SON AME.

REQ..... PACE.

§

Louis de Grivel était né en 1587 et avait épousé bien jeune encore, il n'avait que dix-neuf ans, Gabrielle de La Cressonnière, qui, quelques années après, était dans la nécessité de recourir à une séparation de biens pour conserver sa fortune en péril. La terre de Grossouvre, mise en séquestre, lui demeura en garantie.

Louis de Grivel avait été maistre de camp d'un régiment de vingt compagnies d'infanterie pour le service de Sa Majesté.

Il mourut en 1643 sans laisser de postérité.

§

La terre de Grossouvre sortait définitivement de la maison des Grivel en 1785, par suite de l'acquisition qui en était faite par Jean-François Durand, dont la nombreuse et honorable famille a conservé le nom territorial.

Celui-ci décédait le 12 prairial an X, et était inhumé dans le cimetière de La Chapelle-Hugon, où l'on voit son tombeau. Il se compose de deux fortes dalles de fonte superposées. L'inscription, mal réussie, indique suffisamment que l'art de la moulerie n'était point pratiqué dans les fourneaux de Grossouvre et de Trézy. Le millésime est suivi d'une croix *renversée*.

IIJ . G . D
CICIL
1803

§

Devant l'autel de Saint-Hubert était la sépulture de la famille des Plotard, paroissiens de La Chapelle-Hugon.

Dans la nuit du 23 août 1696, Gilbert et Louis Plotard avaient enlevé la récolte d'un champ soumis à la dîme du prieuré. En cette circonstance Jean de La Villate, prieur et *seigneur temporel* de La Chapelle-Hugon et curé du lieu, obtenait un décret d'ajournement contre les Plotard. Ceux-ci, *pour à quoi obvier, nourir paix et amitié entre eux comme pasteur et paroissiens*, s'obligeaient à donner audit de La Villate 150 livres. C'était bien grosse récompense ; mais, dit le grimoire, il avait été fourni au greffe criminel de Moulins le nom de quinze témoins, *ce qui* AURAIT PU *coûter de grosses sommes*.

Germigny.

Les sires de Bourbon, qui pendant plusieurs siècles furent seigneurs de Germigny, avaient leurs tombeaux dans l'église de Souvigny.

François de Châteaurenaud.
Page 137.

Page 136.

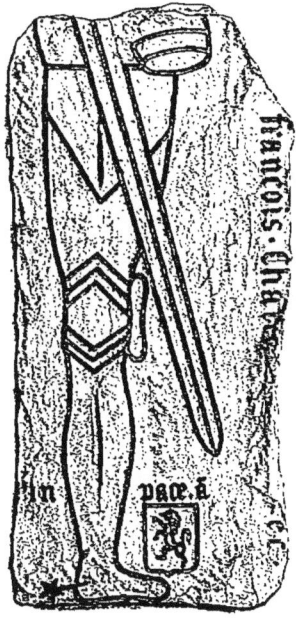

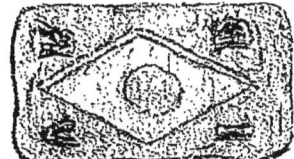

DIRVS. Page 205.

IDALLVS   Page 105.

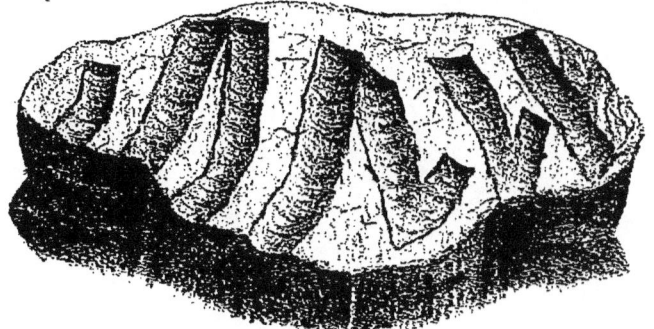

Débris de sarcophage.   Page 112.

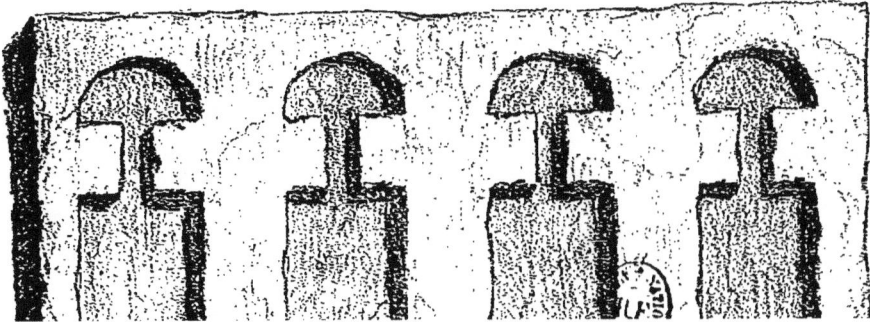

Les seigneurs de Château-Renaud, qui relevaient de la grosse tour de Germigny, avaient leur sépulture dans l'église de cette paroisse.

Le dernier descendant mâle de l'ancienne famille de Château-Renaud (1) fut Pierre-François, marié à Jacquette de Chéry. Isabeau de Château-Renaud, leur fille, épousa le 15 janvier 1525 Bon de Lange, qui recueillit la seigneurie de Château-Renaud.

Arnaud de Lange, son petit fils, chevalier, seigneur de Villemenant, approuvait et esmologuait, le 16 mars 1637, *les donnations et fondations* ci-devant faites par ses prédécesseurs qui sont :

« Que le curé de Germigny est tenu de dire, chacune
» semaine, troys messes à l'intention des âmes des défunts
» ses prédécesseurs, qui sont les jours de mercredy, vendredy
» et samedy, par semaines et à perpétuité.
» Lesquelles messes seront célébrées en la chapelle dudit
» lieu de Château-Renaud, ou dans celle de l'église de Ger-
» migny appelée la chapelle de monsieur St Jehan, audit
» seigneur appartenant, OÙ SONT ENTERRÉS LES CORPS DE CES
» DITS PRÉDÉCESSEURS. »

Les inscriptions tumulaires, qui parlaient d'une voix si éloquente, en nous disant les croyances de nos pères, ont complétement disparu.

Nous avons pu recueillir une portion intéressante d'une grande pierre tombale qui avait été retournée pour servir à un dallage.

On y voit gravée la jambe gauche d'un chevalier ; elle est armaturée de sa genouillère, de sa grève et flanquée d'une longue épée. La chaussure est arrrondie en pied d'ours, mode qui, vers 1470, avait succédé à la chaussure dite à la poulaine.

---

(1) On a prétendu que Gilles, qui, d'après la *Gallia christiana*, aurait été évêque de Nevers (entre 1275 et 1278), était de cette famille.

— 138 —

Un reste d'inscription en bordure nous a donné ces mots :

**François Chateauregnaud ec.
In pace a**

Au pied du chevalier se trouve un blason où figure un lion couronné, armé et lampassé.

La *portraiture* et l'inscription sont gravées au trait et remplies d'un mastic noir.

§

C'est dans la chapelle Saint-Jean que fut enterré François de Lange, commandeur de Malte et grand bailli de l'ordre en 1587.

Après avoir assisté au siége de Malte en 1556 il était devenu gouverneur de La Charité. Blessé d'un coup d'arquebuse pendant une attaque qu'il dirigeait en 1590 contre les huguenots, il fut transporté à Château-Renaud, où il expira des suites de sa blessure.

C'est encore dans le même lieu que la sépulture fut donnée à Philippe de Lange, écuyer, commandeur de la milice chrétienne, décédé à Château-Renaud, le 9 décembre 1635. Les cérémonies funéraires durèrent deux journées : le premier jour, vingt-quatre prêtres y assistaient ; le lendemain jeudi, le nombre s'était réduit à dix-huit.

§

La seigneurie de Château-Renaud avait été réunie à la châtellenie de Germigny par suite de la vente qu'Arnaud de Lange en avait faite le 18 août 1655 à Séraphin de Mauroy, grand-maître des eaux et forêts de France. Il était dit au contrat :

« Que loisible serait au seigneur de Lange de faire poser
» dans l'église de Germigny une épitaphe rappelant les

» fondations de ses prédécesseurs avec leurs noms et qua-
» lités. »

Nous ignorons si cette épitaphe a été apposée, mais nous savons que les seigneurs de Germigny, depuis l'acquisition de cette terre par Brissonnet d'Oisonville, avaient établi leur sépulture dans la chapelle de Sainte-Catherine, qui devint ensuite la chapelle de la Vierge.

C'est dans ce lieu que fut inhumé Bernard Brissonnet d'Oisonville, époux de Françoise Le Prevost, décédé à Château-Renaud, le 30 novembre 1688.

L'inventaire après décès constate que le fusil du défunt avait quatre pieds de canon, *et tirait à gauche;* c'est là un détail consciencieux.

Deux jours avant sa mort, le marquis, âgé de cinquante ans, dictait son testament en très-peu de mots, et demandait que son corps fût déposé en la chapelle Sainte-Catherine.

Il laissait en mourant un fils âgé de quatorze ans et une fille, Paule-Louise, mariée à Jean-François-Angélique Frézeau de La Frézelière, qui hérita du marquisat de Germigny.

La marquise-douairière expirait elle-même à Château-Renaud, le 24 janvier 1726.

Un tombeau en marbre noir lui avait été élevé dans le chœur de l'église où elle avait demandé à être inhumée.

Elle avait dicté son testament le 22 janvier, et demandé que son convoi fût accompagné du plus grand nombre de prêtres que faire se pourrait, avec mille messes dites le plus tôt possible : elle donnait cinq cents livres pour les pauvres.

Dans ses largesses, à cause de mort, elle n'oublie aucun des gens de sa maison, et ils sont en très-grand nombre. Parmi eux se trouvent : Burette, le cuisinier; Saint-Mars, La Rose, Picard, valets de chambre; Valbourg, le suisse, et Lafleur, le coureur, qui prestement était allé quérir le notaire de La Guerche.

L'un des témoins testamentaires était messire Jacques Har-

— 140 —

douin Mansard, chevalier et seigneur de Sagonne, baron de Jouy, lequel signe : J.-M. de Sagonne.

Dans l'inventaire après décès il était énuméré soixante-dix lettres des rois de France : François, Henri et Louis de Bourbon, adressées au seigneur de La Frézelière. La dernière pièce était une lettre qui assurait au comte de La Frézelière la charge de premier lieutenant-général de l'artillerie de France.

§

La famille de Lange et la famille de La Frézelière, qui l'une et l'autre possédèrent la terre de Château-Renaud, avaient de hautes prétentions généalogiques.

Les de Lange-Comnène prétendaient descendre des despotes d'Orient, et les Frézeau se disaient issus de Charlemagne.

Nous n'avons pas en ce lieu à disserter sur ces points plus ou moins controversés; mais un grand livre généalogique daté du siècle dernier nous apprend : « que le Berry a reçu » des bienfaits si considérables de saint Charlemagne, roy de » France et empereur, qu'il en doit une reconnaissance éternelle à sa postérité, et *particulièrement à monsieur le marquis* » *de La Frézelière, qui en est descendu.* »

Hélas ! aujourd'hui, amis avant tout des rendements positifs, les départements du Cher et de l'Indre n'ont guère souci de cette dette de reconnaissance ; quoique l'auteur inconnu du livre ait établi que la maison de La Frézelière était alliée avec presque tous les souverains et les plus grands seigneurs de l'Europe.

§

Fondations à cause de mort.

Il existait dans l'église de Germigny des inscriptions ou épitaphes qui rappelaient en souvenir diverses donations faites à cause de mort.

Le 8 juillet 1658, Marguerite Jacquotta léguait à la fabrique 13 deniers et 12 boisseaux et demi d'avoine, de cens et de rente, portant profit de lods et ventes sur un tènement dit la Bergerie.

En 1690, Silvain Guyot, chirurgien à Germigny, constituait au profit de l'église une rente de 25 sols, assise sur une pièce de terre dite *les Cris-de-Saint-Jean*, qui tenait à la croix des Six-Rues.

En 1675, Simon Rinche, accenseur de la terre de Germigny, faisait fondation de 18 livres de rente au profit du curé, à la charge d'une messe de *Requiem* et *Libera*.

Enfin, nous avons sous les yeux le testament de Louis Pareau, du village de Romenay, « au lit malade, *simple* de » foy et d'esprit », lequel lègue son champ des Chenevottes moyennant que les fabriciens feront à perpétuité célébrer annuellement une grand'messe *de Recuiem (sic)*.

§

Registres mortuaires.

Germigny était autrefois un lieu de cantonnement pour les troupes qui venaient y prendre leurs quartiers d'hiver. Elles ont laissé de nombreux souvenirs de leur séjour soldatesque, et nous lisons entre autres :

« Est inhumé Nicolas Perrin, dit Francœur, cavalier du
» régiment de Larochefoucault, compagnie de Menou, mort
» dans son *lit* à vingt-huit ans, en présence de tous les
» cavaliers. »

Ils ne mouraient point tous dans *leur lit* les cavaliers des Étapes. En effet, nous trouvons encore les mentions suivantes :

« 25 juillet 1686. — Décédé à Cuffy Philippe Prot, blessé
» d'un coup d'espée.

» 1748. — Est inhumé Paul Bernard, de la paroisse de
» Billy, diocèse de Nevers, qui, à raison de désertion, a eu la
» tête cassée et est mort dans des sentiments très-chrétiens.
» 1778, 15 février.— Est inhumé Philippe Dubourg, lequel
» a été malheureusement tué d'un coup d'espée par un des
» soldats de la compagnie de M. de Martel, du régiment
» royal. »

Quant à l'inhumation dans le cimetière de Mathieu Berriat' pionnier, tué le 30 août 1705, d'un coup d'arme à feu donné la nuit dans la rue, c'était là une affaire qui regardait messieurs de la justice civile.

Le Gravier.

Après l'incendie de l'église, afin d'éviter des dépenses de restauration que *le général* des habitants n'était pas en état de supporter, on s'avisa d'aveugler la fenêtre de l'abside et toutes les baies qui se trouvaient à l'aspect du couchant.

Après trois siècles on vient d'ajourer toutes ces baies, et parmi les débris de toutes sortes qui en provenaient, nous avons recueilli des restes d'inscriptions funéraires qui ont appartenu à trois tombeaux différents, savoir :

I.

..... LES : DN : MOL...

Lettres onciales entre un double filet. Nous proposons de lire... MILES DOMINUS MOLIS, c'est-à-dire écuyer, seigneur de la Mole. Cette seigneurie était située en la paroisse de Cours-les-Barres.

II.

... SEGN : ...

Grandes lettres onciales, entre un seul filet. — SEIGNEUR DE

III.

..... : M. CCC.....

Caractères d'une parfaite exécution, incrustés de mastic noir.

Il conviendrait de lire..... LEQVEL TRESPASSA L'AN M. CCC.

Voilà ce qui reste de trois pierres tombales détruites en 1568, et qui aujourd'hui seraient d'un grand intérêt pour l'histoire et les arts.

§§§

L'excellent curé Blayet a confié à ses registres de paroisse le quatrain que voici :

> *De profundis* semble appeler la mort,
> Et réciter dans sa forme ordinaire
> Avant le temps, ce psaume mortuaire,
> C'est, comme on dit, réveiller chat qui dort.

Aussi, pour ne point trop assombrir les idées de nos lecteurs persévérants, nous allons cesser de faucher l'herbe des cimetières. Nous quitterons un instant la vallée des tombeaux, où nous les avons longuement promenés, sauf à y rentrer par un sentier détourné et tant soit peu archéologique.

> Quand par l'ennui l'âme est saisie,
> Offrons-lui la diversité;
> Mais si le cadre est fantaisie,
> Que le tableau soit vérité.

UN DÉBUT EN ARCHÉOLOGIE.

Il sera sans doute beaucoup pardonné à l'école du romantisme ! Elle a tant aimé à redire les poétiques légendes, à réveiller les échos des sombres monastères, à armaturer de toutes pièces les preux chevaliers, à restituer les vieux donjons avec leurs archières et leurs mâchicoulis, que, féconde peut-être sans le savoir, cette école a par ainsi provoqué à l'étude spéciale de l'archéologie.

Nous n'avons pas ici à développer cette thèse un peu paradoxale, ni à apprécier les principes, les qualités et les écarts des *vaillants de* 1830 ; mais on admettra volontiers que les romantiques, dans leurs tendances les meilleures, ont plus ou moins payé leur tribut à cette science, sans laquelle il n'est guère possible d'écrire exactement les intimités de l'histoire locale.

Les monuments sont des chroniques : *Saxa loquntur*.

Il fut donc une époque où il n'était point rare de rencontrer quelques essaims d'adolescents qui, à peine sortis des portes classiques d'Athènes, de Rome et même de Trézène, se laissaient captiver par cette voix mystérieuse qui promettait de diffuser la science.

Plus d'un adepte alors s'empressait de déposer sur l'autel des néo-dieux quelques fruits de son crû, bien assaisonnés de technologie ou d'archaïsme, et suffisamment fardés de cette couleur locale *quem isti amabant*.

A cette époque aussi l'étude des beaux-arts antiques et historiques semblait devoir ouvrir à la pensée des horizons inconnus. De Caumont nous apprenait à épeler cette langue nouvelle et déjà aimée de l'archéologie. Prosper Mérimée, parti pour la conquête des monuments du Midi, promulguait ses bulletins qui ont encore aujourd'hui force de loi. Touchard de La Fosse écrivait ses voyages historiques des bords de la Loire ; et, faisant appel à la nouvelle génération, une revue attrayante, L'ART EN PROVINCE, publiée par nos proches voisins, annonçait le *Magnus nascitur ordo !*

Il nous souvient toujours de la vignette qui illustrait l'entête du programme : Un jeune volontaire de la science, prêt à l'escalade, y était représenté, sac au dos et croc en main ; il était irréprochablement guêtré ; sa tête était couverte d'une casquette à la Louis XI.....; les plus ardents disaient à la Pâques-Dieu !

Enfin, la presse nivernaise, que le BOURBONNAIS ANCIEN empêchait de dormir, nous distribuait les livraisons de son ALBUM qui étaient attendues chaque mois comme une révélation !.....

Il n'est jamais trop tard pour confesser les péchés de jeunesse..... Nous avions donc cédé à un entraînement bien pardonnable alors ; et, sur la foi du bienheureux *Album du Nivernais*, nous avions formé le projet d'explorer notre vieille province. Livre en main, nous voulions chercher dans une description comparative les premières initiations à une science qui nous apparaissait remplie d'enseignements sérieux et de reflets poétiques.

Aujourd'hui, sans avoir la moindre prétention de faire de l'autobiographie, nous demandons au lecteur la permission de détacher comme d'un journal particulier ou inédit quelques pages rétrospectives qui résumeront, sous la forme subjective, ce que nous intitulons : UN DÉBUT EN ARCHÉOLOGIE et qui a quelque droit à faire partie de notre épigraphie historiale.

§

Par un beau jour d'automne je partais de Nevers ; je n'avais pourtant point complètement adopté l'uniforme que semblait recommander au touriste la vignette *averno-bourbonnaise* ; mais j'étais muni d'une certaine dose de cette confiance joyeuse que saint Augustin prescrivait à l'homme studieux : *Sine tædio et cum hilaritate.*

Je voulais tout d'abord visiter le vieux Nivernais d'outre-Loire. La baronnie de La Guerche était mon objectif. Je m'étais donc prudemment procuré une lettre de recommandation à l'adresse d'un vénérable curé que la vieillesse avait contraint à discontinuer en partie le service du saint ministère dans une paroisse où il avait longtemps vécu et dans laquelle il voulait mourir. On m'avait dit avec Lamartine :

> Qu'il avait vu passer ces longs jours de tempête
> Où l'homme ne sait plus où reposer sa tête :
> . . . .
> Que la réflexion, la prière et l'étude
> Avaient pétri ses ans dans leur froide habitude.
> . . . .

§

Je traversai donc la *Loëre au Bie-d'Allier,* comme fit jadis le chroniqueur Froissard, et je me trouvai sur les terres du COMTE, en sa châtellenie de Cuffy.

Je saluai d'abord les ruines du château qui vit naître Marie d'Albret, et je pénétrai ensuite sous la voûte de l'ancienne église de Saint-Maurice, qui me livra deux inscriptions murales dont ne parlait pas l'ALBUM ; c'était déjà une conquête épigraphique ; j'étais fier et parfaitement heureux.

§

Une heure s'était à peine écoulée, et déjà je frappais à la porte de la maison hospitalière où j'étais autorisé à me présenter.

Une servante à l'aspect demi-monastique me vint recevoir ; je lui confiai la lettre dont j'étais porteur ; je fus ensuite introduit dans un vaste cabinet de travail, où je devais attendre M. le Curé, qu'on allait prévenir.

A peine étais-je entré que je commençai à perdre quelque peu de ma juvénile assurance. Malgré moi j'éprouvais cette vague trémeur que ressent l'étudiant appelé à subir quelque scabreux examen.

Mes regards furtifs et incertains essayaient vainement de faire un rapide inventaire des choses diverses et inconnues qui étaient accumulées dans ce sanctuaire de l'étude ; tout m'y semblait étrange et portait l'empreinte d'un autre âge.

Deux armillaires de cuivre ornaient une cheminée au-dessus de laquelle un grand christ de métal bruni par le temps, mais conservant encore quelques rares reflets de dorure, étendait ses bras sur une croix émaillée.

Sur une vaste étagère étaient rangés divers objets auxquels il m'eût été impossible de donner un nom ; ce n'est que plus tard que je retrouvai leurs similaires exposés dans les musées.

Dans un coin s'assombrissait un prie-Dieu, sur lequel reposait un chapelet monacal à grains énormes, et une tête de mort bien authentique, jaune et lustrée comme le vieil ivoire.

De vastes rayonnages soutenaient de grands livres ; les uns revêtus de basanes chagrinées et rouillées par le temps, les autres couverts de vélin, avec l'affirmation du pouce, avec le titre à demi éteint.

Sous une table s'alignait une rangée d'in-folio ; un d'eux avait été appelé au service ; les autres portant, comme un panache, une touffe de signets de rappel, n'avaient point serré les rangs : c'était Moréri. Dans le trouble qui m'agitait, *stultus ego et barbarus*, je crus que le titre était du latin !

Le tout formait un intérieur digne du pinceau flamand. Il ne manquait que l'alchimiste..... il allait venir !.....

§

J'avais froid au cœur. Heureusement une lueur de frais azur vient frapper ma vue. J'aperçus sur une table la couverture fraîche et bleue qui protégeait les nouvelles livraisons de notre cher *Nivernais !* Je m'approchai, comme pour toucher la main d'un ami si fidèle ! mais sur la même table un livre était entr'ouvert, et mes yeux, s'arrêtant au hasard, tombèrent sur cette sentence : — *Ante judicium pone justiciam tibi.* — En marge une main avait annoté ces mots : — *L'ignorance des choses est une infirmité!*

Je sentais de plus en plus s'évanouir la dose de confiance joyeuse que recommandait le fils de Monique ; quand le bruit de quelques pas et une voix claire mais sévère vinrent frapper mon oreille. J'entendis distinctement ces mots : — Allez, vous êtes un empoisonneur !.....

Au même instant, une porte que je ne soupçonnais pas glissa sur ses gonds, lente et silencieuse. Je me trouvai face à face avec le vieillard auquel j'étais recommandé. Il était de haute taille, maigre et presque rigide ; sa figure portait l'empreinte de cette tristesse savante qui peut se traduire par : EXPÉRIENCE OU DÉSANCHANTEMENT. J'ai longtemps gardé dans mes yeux le premier rayon de son regard investigateur.

Bientôt pourtant la douceur de sa voix vint me convier à plus d'assurance. — Soyez le bienvenu, me dit-il, les extrêmes se touchent : j'aime la jeunesse et je suis vieux. Ne m'en voulez pas s'il ne m'est point permis d'offrir un visage plus riant à mes visiteurs, — les ans en sont la cause. — Hélas ! la règle de Grandmont est moitié prescrite pour moi ; elle qui disait : *Lœtam faciem eis pretende.* — Veuillez croire néanmoins que je suis heureux de vous recevoir ; *cum gaudio eos suscipe...* Asseyons-nous ici, *in porticum causa loquendi.*

Je me laissai choir sur un siège à dosseret antique..... J'étais sur la sellette.

§

Le silence est d'or : je laissai la parole à mon interlocuteur.

— La lettre que vous m'avez remise, me dit-il, m'apprend que vous vous intéressez à l'histoire de nos vieux monuments. Je vous en félicite ; — cette étude s'appelle, je crois, l'archéologie ? Au seizième siècle, un archevêque de Cantorbéry avait déjà constitué dans la vieille Albion une société d'antiquaires.

A Paris, en 1679, il existait aussi un collége archéologique ; on a donc retrouvé le mot ? Mais peut-être aujourd'hui n'est-on pas d'accord sur la définition. — Cette science peut dans son amplitude embrasser les mœurs, les coutumes, aussi bien que les monuments. Selon l'expression du poète normand elle doit :

> Remenembrer les ancessurs,
> Les diz, les fais et les murs...

— *Murs* est là pour *mœurs*.

Je me pris à rougir profondément en recevant cet enseignement du vieux langage.

— L'archéologie, continua le vieil abbé, c'est le secret intime de tout ce qui a été *apud patres nostros*. Pour parvenir à la conquête de ce secret il fallait autrefois :

> Des corridors obscurs, des nefs, des murs épais,
> Qui versent sur le front le silence et la paix.

Aujourd'hui on a changé tout cela..... On a sécularisé tant de choses!..... — Je m'en voudrais d'apporter quelque découragement à vos jeunes années ; mais franchement, quand je vois un adolescent parler d'archéologie, il me semble assister à la première représentation d'*Esther* à Saint-Cyr. *Monsieur* Racine avait bien pourvu le frais visage de Mlle de Lostange d'une barbe superbe et grise; mais, en vérité, si Mme de Maintenon n'eût gardé son sérieux, toute l'illustre assemblée eût éclaté de rire à la barbe de Mardochée.

En entendant ces dernières paroles, je portai involontairement la main à mon menton,

> Que le moindre duvet ne couvrait pas encore

§

— Si pourtant, ajouta le sévère rhéteur, abordant des travaux pleins de séductions et de piéges, vous voulez tenter les premiers pas dans *la périlleuse carrière*, commencez par écrire quelques généalogies, quelques filiations seigneuriales avec les transmissions successives de leurs fiefs ; c'est là sans doute œuvre de notaire, mais c'est un exercice qui prépare aux investigations, c'est un jeu de patience dont les pièces sont égarées et qu'il s'agit de retrouver ; le tout ne tire pas à conséquence, le contrôle en est rare et difficile.

Vous arriverez ensuite à la description des monuments. Il est permis à l'archéologue de nombrer tous les festons et toutes les astragales. Courage, un jour viendra où l'archéologie se trouvera codifiée.

Vous arriverez ensuite aux chroniques locales, qui complètent et souvent rectifient l'histoire générale dont elles ne sont qu'une émanation. Courage encore, poussez l'histoire à bout ; il y a si longtemps que les choses principales nous sont connues, arrivons aux accessoires, mêlons l'éclectisme à la chimie.

En produisant vos faits historiques, gardez-vous de leur donner des proportions héroïques, gardez-vous surtout d'abuser du pittoresque,

Bien que de notre temps il soit fort à la mode !

Je sais bien que votre Guy Coquille disait qu'il est permis à gentil esprit d'œuvrer plus délicatement les matières grossières et arides ; mais tenez pour certain que le pittoresque éblouit la vérité. François de Maistre veut que les faits historiques ne soient point entourés d'un iris trompeur.

§§

Suspendant un instant son cours de doctrine, mon professeur improvisé me demanda quelques détails sur mon excursion de Nevers à La Guerche. Je fus très-heureux de pouvoir justifier que j'étais suffisamment initié à certaines parties de l'histoire de la contrée ; je répondis *couramment* que j'avais passé le bac au Bec-d'Allier, là où il était regrettable de ne retrouver plus les restes du château qu'un capitaine anglais, le bâtard de Montléon, avait occupé en 1388 avec quarante lances...

Je dis que j'avais visité la belle église de Cuffy, classée par Touchard de La Fosse comme datant du treizième siècle, tandis que le *Nivernais* la fait remonter au douzième. Je n'oubliai point d'ajouter que j'y avais admiré ce curieux chapiteau qui représente le martyre d'un saint que le bourreau va poignarder.

Enfin, je racontai que, plus fier que le maréchal de Montigny, j'avais escaladé les ruines du château de nos comtes.

Pendant ma récitation archéologique, le vieil abbé essuyait lentement ses lunettes, puis laissant entrevoir un sourire équivoque :

— Je sais bien, dit-il, que vous venez de visiter le château de Cuffy, puisque je distingue à votre boutonnière un dianthus que vous y avez cueilli. Ce genre de caryophillée ne se rencontre que dans les anfractuosités des murailles des châteaux ou de Rosemont ou de Cuffy.

Je sentis alors me monter au front une couleur plus vive que celle du malencontreux œillet. Je ne saurais dire si cette rougeur avait pour cause l'ignorance du fait pseudo-botanique qui m'était révélé, ou bien la remarque de ce port naïf qui *distinguait* ma boutonnière.

Le cruel observateur ajouta :

— Je vois aussi que vous connaissez exactement votre *Nivernais*, dont les fascicules s'étalent sur cette table. Hélas ! puisque vous l'exigez, je dois rectifier quelques-unes de vos leçons historiques.

Il n'y a jamais eu de chastel au *Bie-d'Allier*. En tous les cas, il eût fallu le bâtir sur pilotis, comme sont les maisons que la nécessité de la besogne sur-eau y a fait construire en les rapprochant le plus près possible du cours de la rivière.

Il convient donc de lire Cuffy à la place de Bec-d'Allier. Si le chroniqueur Froissard a employé cette dernière désignation de lieu, c'est qu'il a voulu donner la préférence nominale à un point géographique plus facile à retenir. Dans les éléments de géographie on commence toujours par indiquer la source et la fin de chaque rivière, *principium et finis*.

Au surplus, Froissard s'est trompé lui-même sur l'origine du bâtard de Montléon. Celui-ci, né dans le Languedoc, était fils du comte de Toulouse ; il n'était nullement capitaine anglais. Cette erreur ne constituerait-elle pas, en me servant d'un terme juridique, une charge contre le vieux chroniqueur dans l'inculpation qui lui a été adressée d'aimer avant tout l'anglischerie ?

Quant à l'église de Cuffy, tenez pour certain que sa construction se rapproche plus du onzième siècle que du treizième.

Le fameux chapiteau dont est parlé provient de l'ancienne église de Baulne-lès-Cuffy. Son imagerie représente non pas le massacre d'un martyr, mais une rixe *inter ludos*. La tablette à rebord, les dés, l'enjeu marqué d'une croix, tout s'y trouve indiqué.

Le symbolisme religieux faisait bien de se mettre de la partie, puisque dans certaines coutumes le prévôt disait : « Je ne ferai ja droit ne por le jeor ne por le receteor, si li jeor s'entretolent, car ne sont pas dignes. »

§

— L'examen de nos monuments religieux, reprit mon interlocuteur, doit, surtout au point de vue de l'art et de l'histoire, éveiller votre curiosité. Vous visiterez tout près d'ici l'église de Germigny, qui vous ménage des surprises. Prenez garde de vous égarer en cherchant à fixer le caractère général du monument. Souvenez-vous que l'arcade si richement sculptée qui donne entrée du porche dans l'intérieur de la nef est un ouvrage de rapport et postérieur à l'exécution de l'église. N'y cherchez point les deux cariatides qui font l'objet des regrets d'Achille Allier, et de la restitution lithographique de votre

Album; car elles n'ont jamais existé. Le tympan de ce portail attirera surtout votre attention ; il représente l'adoration des mages, c'est-à-dire en symbolisme la vocation des infidèles à la foi. Le modillon de gauche offre un personnage tenant entre ses mains le poisson sacré, souvenir des premiers temps du christianisme. L'exécution est d'une exquise perfection.

Je regrette, ajouta-t-il, de ne pouvoir vous accompagner pour vous faire visiter la plus intéressante église de mon canton ; mais nous pouvons, si vous le voulez bien, aller examiner ma grande église du Gravier, dédiée à saint Étienne, protomartyr, *Stephanus primicerius martyrum*, comme le nomme saint Augustin.

J'acceptai avec empressement l'offre qui m'était faite ; j'osai même déclarer que Saint-Étienne du Gravier était une belle église *ogivale*.....

En entendant ce mot, le sévère critique se dressa tout-à-coup, grand de toute sa taille :

— Ogivale ! s'écria-t-il, ogivale ! Si l'œil est souvent le miroir de l'âme, l'*oculus*, la baie ou la fenêtre d'un monument, ne doit point en déterminer le véritable caractère architectonique ; mon église, Monsieur, est du style roman le plus pur ; son absidiole est du vrai Saint-Étienne de Nevers, Monsieur.

Puis, adoucissant sa voix, c'est encore dans votre *Album* que vous avez puisé cette leçon, *errare Album est*. Hélas ! comme ils ont martyrisé mon pauvre canton, vos modernes historiographes !..... Je préfère sincérement Touchard de La Fosse, bien qu'il ait accompli ses voyages appuyé sur la baguette pliante d'Anténor plutôt que sur le bâton ferré d'Anacharsis ; au moins il dit franchement : « J'ai passé à
» La Guerche, il n'y a rien à voir dans cette ancienne baron-
» nie..... Dupré, ce jour-là, faisait entendre sa voix dans le
» salon de Grossouvre..... »

— J'aime mieux ça !..... Pourquoi n'a-t-il point persévéré dans ses prémisses négatives ?

Mais l'auteur des *Bords de la Loire*, se ravisant tout-à-coup, croit devoir donner en hors-d'œuvre tout ce que le *Nivernais* venait d'apprêter sur l'histoire de nos contrées ligériennes. Or, comme sans doute il n'avait point été admis à entendre le fameux virtuose qui, un instant, avait été l'hôte du marquis de *Las Marismas*, il s'en venge en faisant battre *les marais* qui entouraient jadis la motte féodale de Cours-les-Barres par des vassaux auxquels il fait chanter le *Pá Pá renotte Pá*, qui jadis avait été noté exclusivement pour assurer un calme repos à M. l'abbé de Luxeuil.

En vérité, en vérité, les seigneurs de Châtillon et de Courtenay, dont les familles ont donné un comte à Nevers et un empereur à Constantinople, — si jamais il leur est arrivé de reposer dans leur manoir de Cours-les-Barres, — avaient bien autre commandacion à donner que de faire besogner au fait de la grenouille coassante..... Et je sais bien que Gaucher de Châtillon, en 1251, donnait sur ses redevances de Cuffy vingt livres *annuelles* pour acheter des chaussures aux pauvres : *Pro sotularium pauperibus !*

Un jour je me suis demandé très-sérieusement si par hasard, au moyen-âge, point n'était permis de les saisir à la pêche, ces batraciens à la chair blanche et molle, plutôt que de les gauler ? — Hélas ! les détracteurs de cette époque si mal interprétée persisteront-ils toujours à vouloir généraliser les singularités des usages féodaux ?..... Michel Montaigne dit quelque part que bien des choses sont reçues et transmises comme vérité, qui n'ont d'autre mérite que leur barbe chenue et les rides qui les accompagnent. Ne conviendrait-il point d'appliquer sa leçon aux interprétations équivoques du régime féodal? Quand Guyot de Courvol prescrivait dans son testament : « que chacune année un sien varlet entrerait » en l'église monté sur un cheval, pour aller à l'offrande, » il ajoutait qu'il en serait fait ainsi, pour la gloire de Dieu » et celle du peuple. » Hélas! aujourd'hui pourrait-on comprendre le sentiment d'une gloire ainsi géminée !

§

Le vieillard s'approcha de la table où, sous leurs enveloppes azurées, se cachaient les fascicules de l'*Album du Nivernais*; en voulant en retirer le premier qui s'offrait à sa main, il renversa un petit vase de poterie que je m'empressai d'aller relever avant qu'il n'eût roulé à terre.

— Cette urcéole, me dit-il, est un *guttus*, spécimen rare, belle conservation, bonne couleur samoënne; — il eût été regrettable de la voir se briser. Elle a été trouvée l'autre jour au milieu de débris que recouvre notre sol gallo-romain, dans un champ appelé Routy.

J'osai, assez à l'étourdie, faire suivre immédiatement le nom du champ Routy, d'un vocable en latinité : *Rutili campus*..... J'avais été fort en thème.

Mon terrible professeur me dit avec bienveillance :

— Le terrain qui conduit à l'étymologie est glissant, il est facile de s'y égarer. Entraînée trop souvent, tantôt par de naïves simplicités, tantôt par des subtilités trop ingénieuses, la grave Académie a pris le parti de condamner cette science comme puérile, sans doute parce que pour arriver au gîte, souvent suspect, où se cache l'étymologie, il faut, comme dans les contes enfantins, passer par le chemin des épingles ou par le chemin des aiguilles. Mais pourtant, au risque de se piquer les doigts, nous ne saurions complétement bannir cette curiosité de l'histoire. Or donc, *Routy*, puisque vous le demandez, vient de *Ruptus* : « C'est, dit Guy Coquille, terre » qui, dès longtemps n'a été labourée, esquelle y a appa- » rence ou mémoire de culture. »

§

Je n'osais plus souffler mot, mais je tremblais comme sous le coup d'une vague appréhension; je voyais frissonner sous les droits décharnés de mon cruel maître les grandes pages de mon cher *Album*.

— Puisque nous parlons d'étymologie, ajouta-t-il, j'ai quelques petites rectifications à proposer au *Nivernais*.

— Fourchambault ne tire point son nom de *fornax Ambaldi*, mais bien de sa maison, *focus vel Locus*. J'ai là un monumentum du quatorzième siècle où l'on trouve précisément *Foc Ambault* ; la lettre R, vous le savez, a été fréquemment introduite dans le glossaire pour donner à la prononciation une note plus sonore.

— *Grossouvre* semble venir de *Grossa opera*; mais autrefois on écrivait avec La Thaumassière *Grossauve; sauve* veut dire *réservoir d'eau*; la cause a dû subsister avant l'effet; c'est le cours d'eau qui a déterminé l'établissement où de toute ancienneté se travaillait le fer.

— Omery-les-Goths ne doit point son surnom à *une colonie gothique* venue exprès au cinquième ou au sixième siècle; écrivez *Omery-lès-Gauds* (1); et lisez le roman de *la Rose*, vous y verrez que *Gauds* veut dire *bois*, de même que Gauthier signifie *bûcheron*.

— Quant à Germigny-*l'Exempt*, son cognomen lui a été donné par la petite rivière qui traverse son territoire ; l'abbé de Marolles nous donne au douzième siècle Germigny *en Laissan*, et Guy Coquille nous offre Germigny *en Laixant*. J'en suis vraiment désolé pour les historiens amis des franchises municipales, mais, des dix-sept châtellenies du Bourbonnais, Germigny, primitivement Nivernais, était précisément la moins favorisée sous le rapport *des exemptions*. Vous lirez un jour cela dans les coutumes de nos provinces..... C'est peut-être moins amusant que le roman de *la Rose*...

L'histoire, ajouta-t-il, est comme la sibylle : elle ne livre ses secrets que feuille par feuille, et souvent il s'y mêle la confusion.

Omery dont est parlé était du diocèse de Nevers; il ne doit

---

(1) Près d'Omery-lès-*Gauds* se trouve aussi Omery-lès-*Strats* « qui » nous est advenu pour la mort de Jobet et Préaul des Barres, jadis nos « frères. » (Ancienne charte.)

point être confondu avec *Osmery*, situé dans le diocèse de Bourges.

— Antoine de La Marche, qui a glorieusement fait partie du grand conseil de Philippe-le-Bon, n'a jamais fait hommage devant la tour du châtel de Germigny. Le *Castrum Renaldi* dont il était seigneur faisait partie de *Burgondiæ* et non de *Borboniæ*.

— Je lis que le fief de Château-Renaud était en 1620 dans la famille des barons de Lange, et *peu après* dans celle des Bonneval ; il est permis de protester contre le *peu après*, car c'est en 1525 que le fief advint à Bon de Lange par son mariage avec Isabeau de Château-Renaud ; il n'échut à César de Bonneval qu'en 1775, après son mariage avec la fille d'Hilarion de La Frézelière.

Mais le besoin du pittoresque se faisait sentir, il fallait intéresser le lecteur en ressuscitant ne sais quel Bonneval, qui était mort depuis trente ans, parce que dans sa vie d'aventure il avait assisté à la bataille de Peterveredin, qu'il avait ceint le turban et laissé des mémoires apocryphes.

— Enfin, je vous l'ai déjà dit, n'abusez point trop des teintes pittoresques ; sur la page 181 que j'ai sous les yeux, en moins de quelques lignes, je découvre, des maisons *blanches*, des eaux *argentées*, des tours se dessinant en *gris violet* sur un *fond d'azur*, des pitons *bleuâtres*.

Je ne puis me sauver que par un VERT chemin !

— Trop de couleurs ! trop de couleurs !
— Allons, maintenant, fit l'impitoyable critique, allons visiter mon église *ogivale !* et il prit un bâton semblable à celui que l'iconographie met aux mains des rois mages.

Et moi je le suivis d'un pas obéissant et incertain ; hélas ! je sentais s'évanouir une à une mes juvéniles illusions..... je regrettais presque d'avoir entrepris ce voyage *au pays inconnu*, et furtivement j'arrachai le naïf dianthus qui *brillait* à ma boutonnière.

§§

Nous traversâmes un jardin abondamment pourvu de fleurs et de plantes officinales. Près de la porte et sur le grand chemin se tenait un homme petit de taille mais haut en couleur, qui tournait son chapeau gris entre ses doigts; il attendait M. le Curé à sa sortie. Celui-ci, surpris de cette rencontre, s'écria : — Vous encore ici, maître empoisonneur ! Allez, je vous pardonne, mais gardez-vous désormais de *sophistiquer* ma boisson !

Le bonhomme s'inclina profondément et disparut. Puis, s'adressant à moi, le digne abbé ajouta : Je regrette de m'être laissé aller à un moment d'emportement contre cet homme. Est-ce qu'à mon âge on devrait avoir toujours confiance aux choses d'ici-bas ?

Une curiosité assez naturelle me fit m'enquérir du cas qui avait motivé l'accusation toxicologique. J'appris que le bon curé n'était parvenu à la longévité exceptionnelle qu'il avait atteinte que grâce aux observances d'un régime méticuleux et sévère ; depuis bien des années, il avait adopté l'eau de la Loire pour unique boisson ; deux fois par semaine l'homme au chapeau gris avait mission de renouveler la provision.

Or, il était arrivé que le jour précédent, l'infidèle pourvoyeur, au lieu de puiser l'eau salutaire dans le cours pur du fleuve, l'avait prise inconsidérément dans un endroit où déjà l'Allier venait d'opérer son mélange ; peut-être avait-il supposé que M. le Curé ne saurait point reconnaître la *liqueur traîtresse* !...... *Inde iræ*.

§§

Sur notre chemin, nous longeâmes le mur d'un cimetière au milieu duquel apparaissait une grande croix : C'est là, au pied de cette croix, me dit-il avec une résignation toute chrétienne, que bientôt viendront s'éteindre mes dernières

aspirations temporelles..... s'il peut m'en rester encore !.....
La poussière de cette terre recouvrira un peu de poussière !

Mes prédécesseurs, ajouta-t-il, avaient au moins, après leur mort, le privilége de reposer à l'ombre du sanctuaire. ... Mais tout change, jusqu'aux tombeaux.

§

Nous pénétrâmes dans la vieille église déserte à cette heure et presque sombre.

Absorbé dans un profond recueillement, mon cicerone semblait se remémorer quelques souvenirs des temps passés ; j'imitais son silence en le suivant pas à pas.

L'écho de la voûte répétait par intervalle le vague frôlement qui trahissait notre présence ; mes yeux cherchaient en vain sur la nudité des grands murs et sur les dalles blanches quelques inscriptions commémoratives ou sépulcrales..... Je n'apercevais que la lueur pâle de la lampe qui brûlait près de l'autel comme pour affirmer le mystère de l'éternité.

Je suivais toujours la marche lente du vieillard, tantôt dans la nef et dans le sanctuaire, tantôt dans les retraits et dans les chapelles. Enfin, il me ramena au point d'où nous étions partis, et là comme il devinait ma vague déception :

— Dans cette vaste église la dévotion ne court point le danger de se voir réduite exclusivement au sentiment artistique.

Il n'y a rien ici, n'est-ce pas, me dit-il, rien à voir dans l'intérieur de ce monument ?..... M. Touchard n'eût point dit autrement !..... Mais rien c'est bien peu ! Je serais vraiment désolé si le jeune touriste qui m'est recommandé s'en retournait sans avoir trouvé à tailler son crayon ou sa plume archéologique Ne perdons point courage. Si la science n'a pas encore trouvé d'objectif pour lire dans les planètes, elle nous a donné le microscope ; il peut nous être permis d'observer les infiniment petits.

Accordons d'abord, dit-il, un coup d'œil au pourtour de

notre Saint-Étienne, et, comme *in dominicá palmarum*, nous reviendrons demander au temple qu'il nous ouvre ses portes.

§

Le cicerone continua ainsi :

— Je ne veux point vous faire aujourd'hui de la monographie pierre à pierre, mais vous remarquerez comme les arêtes vives de ces assises offrent de toute part de violentes craquelures. La rubéfaction qui les colorent çà et là témoigne suffisamment que la maison de Dieu a dû un jour subir l'action destructive des flammes.

Si vous interrogez les habitants de ces contrées sur la cause de cet incendie, ils vous répondront invariablement que c'est le feu du ciel qui l'a déterminé en tombant sur le clocher, ainsi que pareil malheur est arrivé à l'église de Germigny en 1773.....

Le feu qui a enveloppé le saint édifice ne venait pas d'en haut, il était soufflé par Calvin !..... Vous êtes le premier auquel je veuille confier ce secret historique..... Faire oublier les injures et les folies de l'histoire est peut-être encore une vertu chrétienne et sacerdotale..... Je suis le seul à connaître les *graves injurias ab hæreticorum furore illatas, incendiá, spoliatione, et bonarum vexatione personarum.....* que ces contrées ont eu à subir.

Mais passons. Je recommande à votre étude cette image de la Mère du Sauveur incrustée dans la muraille; c'est une *imago clypeata;* elle provient de l'ancien prieuré qui était attenant à l'église.

Le sol qui nous entoure n'a qu'à s'entr'ouvrir pour restituer des débris d'un autre âge. Voici dans ce soubassement un fragment de frise provenant, avec la brique à rebord qui l'enserre, de quelque monument païen.

Après l'incendie, quand on procéda hâtivement à la réfection du pignon de ce transept, l'ouvrier, pour éviter les frais, se servit des matériaux qu'il avait sous la main ; voilà pourquoi la muraille se trouve comme échiquetée de pierres blanches et de pierres de grès. Ces grès de rapport ont été empruntés aux nombreux sarcophages qui se pressaient autour de l'église..... La pierre qui renfermait les morts, dressée et brisée avant le suprême réveil, s'élève ainsi avant eux jusqu'à la voûte du sanctuaire !.....

Mais nous voilà devant ma bonne abside romane, avec ses modillons capricieux et son cordon de billettes. Ces modillons pourront vous fournir deux pages de descriptions interprétatives ; plusieurs portent des dessins graffités ; mais méfiez-vous des séductions du symbolisme ; on a une tendance trop marquée à prêter aux maîtres imagiers des intentions d'éclectisme qu'ignorait leur ciseau. Le symbolisme ingénieux peut s'égarer comme la linguistique, qui a trouvé, pour la revendication de quelques origines celtiques, près de quatre cents vocables qui tous signifient *eau, aqua*. Et le tout semble aller de source.

Enfin voici la fameuse fenêtre ogivale qui a causé la méprise de votre *Album;* elle date de 1464, et éclaire la chapelle seigneuriale ; elle a remplacé la baie étroite dont on aperçoit encore l'arcature primitive.

§

Nous étions arrivés sur le côté méridional du monument. Je demandai à mon cicerone par quel motif on avait incrusté dans la muraille, l'un au-dessus de l'autre, deux petits cadrans solaires : — Il me semble, ajoutai-je, que, soumis aux mêmes lois gneumoniques, un seul eût dû suffire.

Le vieillard se prit à sourire et répondit : — Si pareille remarque eût été faite en la bonne ville de Saint-Saulge, sans doute quelques esprits gaulois n'eussent point manqué d'assurer que ces deux cadrans avaient été ainsi placés pour le cas où l'un des deux viendrait à *s'arrêter*. — Mais voici l'explication que vous cherchez :

En 1640, quand, après la mort d'Étienne de Tenon, on voulut peindre la ceinture funéraire dont on aperçoit encore çà et là quelques vestiges, on commença par le côté qui regarde l'occident pour finir à l'aspect du midi ; or, il arriva que, dans son déploiement, la litre rencontra le premier cadran. Fidèle à la devise suzeraine des Gonzague, elle ne voulut ni reculer ni dévier ; le cadran primitif fut alors absorbé sous une couche d'enduit et de peinture. Mais si les seigneurs hauts-justiciers avaient droit de faire poser litre, les sujets avaient droit au soleil ; pourquoi il leur fut restitué un second cadran.

Depuis, le temps a délité l'enduit et lavé la peinture, voilà pourquoi vous voyez apparaître aujourd'hui deux cadrans superposés. Les styles de fer ont disparu, fatigués d'indiquer les jours qui passent, honteux peut-être de marquer les heures présentes.

§

Nous étions revenus sous le vieux porche qui précède l'église. — Voilà, dit-il, le *receptorium ubi pœnitentibus publice legebantur*. Il devint plus tard le parlouer aux bourgeois ; le temps où le caprice des hommes ont respecté le modeste portique. Tel qu'il est il plaît encore à l'archéologue ; il a servi au moins à protéger les peintures héraldiques qui depuis deux siècles s'écartèlent sur le tympan de ce portail.

Au-dessus d'un blason posé à l'antique, vos yeux distingueront encore quelques petites taches de rouille : ce sont les têtes de clous que posa Guy Descolons, notaire au sceau des criées de Nevers, quand, le 2 juin 1663, il vint mettre et attacher un panonceau aux armes du roy, pour marque de la saisie de la quatrième baronnie du Nivernais.

Les nobles seigneurs Tenon de La Guerche et Tenon de Fonfay étaient au nombre de ces bons et beaux esprits que la légende de Saincaize avait la prétention poétique de *faire vivre au temps qui vient !*

Ces excellents amis de l'abbé Berthier et de maître Adam,

> De bien vivre savaient l'usage
> Et célébraient le bois tortu,

tant et si bien que *Fonfay* vendait en 1656, aux Morogues, le fief seigneurial qui existait dans sa famille depuis 1438, et que *La Guerche* voyait sa baronnie adjugée par décret, en 1668, à Henry Régnier de Guerchy.

§§

Nous avions à peine franchi de nouveau le seuil de l'antique église que le visage du vénérable prêtre me sembla avoir pris une étrange animation : sa taille s'était redressée, sa voix était devenue sonore ; le vieil Œson avait rajeuni. Ce n'était point l'avenir que sa bouche allait dévoiler, c'étaient encore les choses des temps passés. Il parla ainsi :

— *Sion deserta facta est!* Vous l'avez dit, il n'y a plus rien, rien pour le touriste qui aime le pittoresque et les descriptions faciles. Le temps et la malice des hommes ont tout emporté, jusqu'à ces *tituli* qui avaient l'orgueilleuse prétention de fonder une vaine perpétuité. Les familles nobles ou roturières, que ces monuments pouvaient intéresser, ont disparu; leurs descendants ont été dispersés, entraînés pêle-mêle dans cette autre confusion que l'on nomme la civilisation. Le culte des ancêtres est tombé en oubli comme stérile et importun.

Cependant, grâce à un labeur qui pour beaucoup semble aussi ingrat qu'insipide, il me serait permis de réveiller ici bien des morts qui reposent en paix dans l'éternelle nuit. Je pourrais publier les aumônes d'autrefois, *eleemosinas enarrabit omnis ecclesia sanctorum*, et revêtir la nudité de ces murs avec les pieuses inscriptions qui demandaient au voyageur une prière, *une mémoire!* Je pourrais encore recomposer le dallage de ces chapelles avec ces belles pages de pierre où étaient gravées quelques seigneuriales portraictures.

— Cette dalle sur laquelle vous marchez offrait jadis une pieuse inscription ; aujourd'hui, à demi usée par le pied des passants, elle ne présente plus en relief que ce morceau de silex osseux et résistant. C'est là qu'en 1662 fut inhumé un digne serviteur de Dieu, Gilles de Rouvière, chapelain de la vicairie de La Guerche. Il avait demandé « que son corps fût
» déposé près du bénoitier de cette église, *ut lavaretur et super*
» *nivem dealbaretur*, et qu'il fût mis une tombe de pierre de
» taille où seraient inscrites ses volontés dernières. »

— Cette autre dalle que le ciseau du tailleur de pierres *a reblanchi* recouvrait la sépulture de la famille Rodrigue (1).
— Le 27 septembre 1671 était inhumée dans le tombeau de ses ancêtres Marie Rodrigue, femme de Philibert Cardot; elle avait légué dix-huit livres aux pauvres et cent livres pour fonder une messe à perpétuité, « et afin que son intention fût no-
» toire, elle avait prescrit qu'il fût mis en ung endroit de
» l'église une épitaphe contenant la présente donation. »

Les Rodrigue et les Cardot étaient deux familles exerçant l'art de la faïence. C'est sur leur indication que les Conrade, de Nevers, venaient en cette paroisse, extraire dans un champ qui touche au cimetière le sablon propre à la confection de leurs produits céramiques.

A droite, au-dessus du banc de la fabrique, s'élevait un charmant édicule en pierre d'Apremont, orné de listels dorés ; il renfermait une inscription qui rappelait que François de Montolon, seigneur d'Auverbilliers et de Notre-Dame des Vertus, alors baron de La Guerche, avait été un des bienfaiteurs de cette paroisse.

En face se voyait aussi une mémoire qui apprenait à tous, présents et à venir, qu'E. Cosson, lors lieutenant au bailliage

---

(1) **Marie Rodrigue** était sans doute sœur de Louis, qui figure le premier dans la *généalogie* établie par l'auteur de *la Faïence et les Faïenciers de Nevers.*

Cardot (Philibert) était probablement frère d'Achille, aussi le premier nommé dans la généalogie de cette famille.

de La Guerche, avait fait une pieuse fondation, *laquelle estait recommandée aux soins de la fabrique.*

Plus loin, contre ce pilier, était incrustée une pierre sur laquelle on lisait que Bartholemée Borotot avait fondé, moyennant cent six livres, une messe à perpétuité.

Sur l'autre pilier, qui constituait avec le premier ce que l'on appelait alors le *canal* de l'église, se lisait une épitaphe qui mentionnait que l'an 1634, Marguerite de Letre, veuve de prudent homme Gervais Dupuis, du pays de Beauvoisis, avait fait rente de trente sols au denier seize au profit de l'église de céans, afin qu'il fût chanté annuellement un *Libera* sur sa sépulture.

Hélas, l'ouragan de 93 a emporté tous ces monuments que l'on disait avoir été élevés par le *fanatisme*. Un jour sans doute, quand viendront à s'écrouler ces murs de terre, ces édifices vulgaires qui avoisinent cette église, l'œil indifférent pourra retrouver dans les décombres les débris de ces inscriptions dont le sens échappera au lecteur.

§

Cette chapelle dans laquelle nous pénétrons a été fondée en 1674 en l'honneur de sainte Reine, par René Pellaut, lieutenant du bailli de La Guerche.

Une grande *tabula* murale remémorait que le 11 janvier 1686 avait été inhumé l'honorable fondateur, en présence de messire Dubost, curé de Saint-Etienne du Gravier, et de Guillaume Chauvet, prêtre, curé de Saint-Ursin de Bourges, qui avait conduit le corps dudit Pellaut, lequel était décédé en ladite paroisse, le 9 janvier, au logis de l'Escole.

Le 27 février 1705 s'ouvrait le même tombeau ; c'était pour recevoir le corps d'Etienne Pellaut, fils du fondateur, notaire baronnial, qui avait pris le nom de Saint-Aignan après avoir acquis de l'abbesse de Nevers les biens dépendant de l'ancien prieuré de Saint-Aignan du Gravier.

Cette autre chapelle qui, en 1622, à la suscitation du révérend frère Barbier, prieur des Jacobins de Nevers, échangea son vocable de Notre-Dame contre celui de Saint-Jean que portait la chapelle seigneuriale, renferme la voûte ou cave sépulcrale de la famille Chamorot. Le premier qui y fut inhumé fut Pierre Chamorot, ci-devant chirurgien des hôpitaux, camps et armées du roi Louis XIII, et le dernier fut Louis Chamorot d'Auvernay, époux de Marie-Louise Gascoing de Bernay, décédé au commencement de 1740 ; il était alors maître particulier des eaux et forêts et l'un des échevins de Nevers. La ville avait coutume d'acquitter les frais des honneurs funèbres qu'elle rendait à ses échevins décédés en fonctions. Aussi Parmentier s'étonne-t-il de ne point trouver mentionnés dans les comptes de la cité les frais des funérailles de notre conseiller-échevin ; il ignorait que la mort surprit Louis Chamorot en cette paroisse du Gravier, dans son fief d'Auvernay, qui lui avait fourni une qualité nobiliaire.

Nous voici dans la chapelle seigneuriale.

Au milieu du quinzième siècle, Jean de Bar la répara dans le style du temps, et fit placer à l'entre-croisement des nervures de la voûte le blason à fasces retiercées que vous pouvez distinguer encore.

Le caveau sépulcral qui résonne sous nos pas fut sans doute établi à la même époque ; il fut ouvert et profané en 93 ; mais ce n'est pas en ce lieu qu'avaient été inhumés les premiers barons de La Guerche. Suivant un usage religieusement adopté par les puissants seigneurs des contrées circonvoisines, ils demandaient la sépulture à Notre-Dame de Fontmorigny, et prenaient soin avant leur mort de fonder leur obit dans ce pieux monastère.

C'est donc à l'ombre de ce couvent, qui fut protégé par nos rois, par nos comtes et par Richard Cœur-de-Lion lui-même, que sont venus successivement reposer : — Arnulphus Rufus de Guiercie Miles, — Andréas Trossebois de Gyrciâ, — Fracta-Spatha et Hebbo, son frère, — Willehme des Barres et Pierre et Odon des Barres..... Noms guerriers et féodaux qui se réveillent à nos oreilles comme un bruissement de vieilles armures, et qui nous font rêver à ces temps si riches en événements chevaleresques.

§

En 1626, les seigneurs de Salles, bien qu'ils eussent aussi dans cette paroisse leur chapelle castrale, obtenaient le droit de sépulture dans le caveau, « à la condition que les armes » et ceintures funèbres qu'ils souhaiteraient établir autour de » la chapelle seraient gravées ou peintes au-dessous de celles » du seigneur haut-justicier. »

Sous le badigeonnage de ces colonnes on retrouverait encore l'azur, la fasce engrelée et les étoiles d'or du blason de cette famille qui possédait la seigneurie de Salles depuis 1371, et qui finit par tomber en quenouille au milieu du dix-septième siècle.

En 1681, Antoine de Bonnet, sieur de La Violière et de Salles, était inhumé dans cette chapelle.

En 1707, on y déposait Anne de Violière de Salles, qui avait épousé de La Barre, seigneur de Gérigny.

Cette énorme pierre blanche qui ferme l'entrée du caveau et qui conserve encore l'empreinte des anneaux de fer qui servaient à la mouvoir se soulevait pour recevoir le corps d'une enfant, âgée seulement de quelques mois, et qui était décédée à La Guerche le 28 mai 1710. C'était la fille de Louise-Jeanne de Marion de Druy et de Louis Regnier de Guerchy.

L'aubépine était alors en fleur et Guerchy était en Catalogne, où ses fonctions de lieutenant-général l'avaient appelé pour le service du roi.

§

Enfin, c'est ici qu'avant d'arriver à sa dernière étape funéraire fut exposé, en chapelle ardente, le corps de Jean des Barres, seigneur de Bois-Rosère, que Thomas, abbé de Fontmorigny, était allé quérir au-delà des mers.

Le preux chevalier avait en 1260 quitté le fier manoir qui, dans les bois voisins, dissimule aujourd'hui sous des ronces ses ruines et son ancien nom de Bois-Roserain (1). Il s'en était allé *voto solvendo* mourir à Nicosie, à cette époque où les nobles seigneurs ne cherchaient que la gloire dans ce monde et récompense dans l'autre.

§

Sous cet inter-transept et dans ce sanctuaire sommeillent, confiants dans le Seigneur, *fidentes in Domino*, les prieurs et les abbés qui, pendant plus de huit siècles, ont exercé le saint ministère dans cette paroisse.

Leurs œuvres, sans doute, auront été agréables à Dieu ; mais les hommes ont oublié et leurs noms et leurs bienfaits.

« Le monde, a dit Bernardin de Saint-Pierre, n'honore que
» des vertus de théâtre et des victoires d'un moment ; les
» prêtres sont pourtant les enfants de leur siècle comme les
» autres hommes. »

Le plus ancien qui nous soit connu est Hugo Gercie, *presbyter*. Il figure comme témoin *in charta Rainaldi Nivernensis filii Guilelmi comitis pro Fonte Morigniaco* 1182. Gardez-vous de compter ce Renaud de Nevers parmi les comtes de Tonnerre, comme on l'a fait mal à propos. Il était fils puîné de Guillaume III, comte d'Auxerre et de Nevers, auquel succéda Guillaume IV, son fils aîné.

Simon fut aussi un de nos antécesseurs. En 1312 il s'adressait à l'abbé de Plain-Marche, *de Plano-Pede*, pour qu'il voulût régler le conteste qui allait surgir entre lui et les coustres de Saint-Cyr, ses co-décimateurs.....

— Ici est inhumé Queyrias, qui fut archiprêtre de Montfaulcon.

— Là repose Jean Messonnier, qui décéda le 12 février 1746, après avoir pendant vingt-six ans administré cette paroisse.

(1) Aujourd'hui Bourrain.

— *Hic jacet magister Germanus Mace Nivernensis diœcesis, in jure canonico baccalarius*. Il avait reçu sa collation le 15 octobre 1652

— Cette pierre blanche du Veuillin recouvre la dépouille mortelle de religieuse personne Nicolas Dupuis, qui rendit son âme à Dieu le 2 janvier 1647.

Il avait par testament fondé deux services à perpétuité ; et afin que la fondation fût notoire à jamais, il avait prescrit qu'il fût placé en un lieu propre, en ladite église, une épitaphe gravée sur la pierre.

Il faisait en même temps don à l'église de « six cuillers » d'argent pour en estre fait des burettes sur lesquelles serait » inscrit son nom ».

Ses volontés furent accomplies ; mais les burettes ne figuraient point dans l'énumération des objets en argent, *dépouilles du fanatisme*, qui furent enlevés à l'église et apportés à la séance de la Société populaire de La Guerche le 5 frimaire an II.

— Près de Dupuis est inhumé Nicolas Dubost, son neveu, qui, en 1656, déjà acolyte en l'université de Bourges, produisait ses aydes et moyens afin de continuer ses études et de se faire promouvoir aux ordres sacrés. Il prenait possession de la cure de Saint-Étienne du Gravier en 1660 et mourait en 1705.

— Du côté de l'épître fut inhumé Sylvain d'Albée qui, en faisant procéder en 1707 à la réfection du dallage de cette église, a causé aux épigraphistes des regrets qui durent encore.

— Du côté de l'évangile reposent deux frères, Guillaume et Philippe Bernardon. Le premier consacra si bien toutes ses ressources à rebastir son église bruslée et de tout ruynée par ceulx de la religion prétendue réformée, qu'il se trouvait en 1575 dans la nécessité de se pourvoir en portion congrue. Le second disait adieu à ce monde en 1615.....

Mais pourquoi réveiller davantage le nom des morts ? Ils sont tous là, les anciens serviteurs de cette église ; et sous la froide pierre qui les recouvre ils peuvent encore participer aux fruits des sacrifices, aux prières qui perpétuent le ministère qu'ils remplissaient pendant leur vie.

Ayant dit ces mots, le vieillard se laissa tomber à genoux et après une courte mais fervente prière nous quittions la maison de Dieu.

§§

J'avais écouté avec un respectueux intérêt les choses diverses que le digne prêtre m'avait révélées avec ce sentiment de vérité qui prêtait un charme particulier à ses réminiscences tour à tour douces ou légèrement amères. Il me semblait qu'il avait vécu aux époques qu'il venait de parcourir, et je me disais : Il est donc vrai que l'archéologue, en frappant de sa baguette magique des restes muets et des cendres refroidies, peut encore faire jaillir des étincelles, comme fait l'acier sur le caillou.

Je ne savais comment adresser mes remercîments à mon cicerone. Il me vint bien sur les lèvres le virgilien *Felix qui potuit.....*, mais je me rappelai avec plus d'à-propos un autre texte latin et je dis : *Labia sacerdotis custodient scientiam, et legem requirent ex ore ejus.* (Malach., II, 7.) Les lèvres du prêtre garderont la science et l'on cherchera la loi de sa bouche.

— Hélas ! répondit mon interlocuteur, la science que vous sous-entendez est sans doute l'archéologie ; eh bien ! je vous dois une confession : c'est que dans l'esprit de l'archéologue il se cache presque toujours un orgueil immense et intime, c'est d'avoir pu dégager quelques inconnues, c'est d'avoir découvert des infiniment petits, c'est enfin de connaître ce que nul autre ne connaît, et de dire ce qui n'a pas été répété depuis bien des siècles d'oubli.

En vérité, je ne sais si ce culte de l'érudition égoïste est défaut ou vertu ? Juvenal des Ursins aurait dit : « Or ne peut-
» on oncques scavoir ni avérer le cas. »

§§

La bienveillance que me témoignait le vieil abbé m'autorisait à lui adresser diverses questions auxquelles il ne manquait point de satisfaire. Chemin faisant, je lui demandai à quel usage était destiné ce petit vase gallo-romain appelé guttus et qui avait failli être brisé dans son cabinet de travail.

— Le guttus, me dit-il, servait à verser goutte à goutte l'huile destinée à l'entretien de la lampe. Le spécimen que je possède était, s'il vous en souvient, déposé bien près des fascicules de votre cher *Album du Nivernais*. Juvénal a dit que pour écrire l'histoire, il faut user beaucoup d'huile, *oleum plus*..... Voyez, sans m'en douter, je viens de faire du symbolisme par occasion.

Comme il apercevait au loin l'homme au chapeau gris qui semblait venir à notre rencontre : — Que me veut donc mon *aquarius?* fit-il. Est-ce que, par hasard, il prétendrait encore me prouver que l'eau de la Loire est absolument même chose que l'eau de l'Allier, parce que l'une et l'autre coulent sur le sable?.....

L'aquarius s'approcha respectueusement : Monsieur le Pasteur, dit-il, je vous apporte une petite pièce de cuivre que j'avais oublié de vous remettre ce tantôt..... Ce n'est qu'un rouge liard ; mais il date de loin, et vous tenez à ces choses-là..... et à l'eau de la Loire.

M. le Pasteur, après avoir examiné d'un coup d'œil rapide et sûr le cuivre qui lui était présenté, s'empressa de me le communiquer. Comme je lisais d'un côté le millésime **1597**, et de l'autre côté *roy de France*, j'en conclus hautement que c'était une monnaie de Henri IV.

Le vieil abbé ouvrit lentement sa bourse pour en retirer une pièce de cinq francs, qu'il mit dans la main du bonhomme, hésitant et confus ; puis il ajouta : Cet homme croit pourtant à ma générosité, et je n'ai fait que lui remettre la valeur de son rouge liard. — C'est un double tournois qui porte pour exergue : CHARLES X, ROI DE FRANCE...... 1597.....

§

Nous étions rentrés dans le jardin qui précédait la maison, et je m'enquérais du nom de quelques arbrisseaux qui s'y trouvaient.

— Cette solanée sarmenteuse et épineuse, me dit-il, se nomme le liciet. Comme cet arbrisseau croît en abondance sur le mont Golgotha, nos savants modernes en ont conclu que la couronne d'épines qui fut posée sur le front du divin Maître avait été cueillie sur le liciet. — A cette investigation transcendante, combien, dans sa naïve expression, est préférable ce passage tiré du sublime drame de la Passion :

« Sur le mont du Calvaire, un courtis il estait, ung soudard
» à ses mains prit l'espine vers la haie, et brisa liga si en fit
» un capiel. »

. . . .

Je m'arrêtai ensuite devant une belle gerbe de coréopsis. Hélas! je ne sais pourquoi le fameux jardin des racines grecques me vint en mémoire, et je m'avisai de dire que cette fleur avait emprunté la moitié de son nom au mot grec *coré*, qui veut dire *jeune fille*.

— Ouais! répliqua mon impitoyable professeur, ce n'est point à l'œil velouté de sa corolle, mais bien à la forme de ses graines, que cette fleur doit son nom. Il vient, non pas de *coré*, mais de *coris*..... *grecum est nihil velare*..... *Coris* veut dire PUNAISE !

. . . .

Après une pause: Jeune homme, ajouta-t-il, attendons encore quelque temps pour débuter en archéologie.

LES LITRES.

Faisons paix aux Grecs comme aux Romains, qui se disputent l'honneur d'avoir fourni l'étymologie du mot litre.

Les uns prétendent que ce vocable vient de *litos* (ÉTOFFE), et les autres de *listare (se souvenir des morts)*.

Nous dirons que « *la litre* estoit un droict par lequel les
» seigneurs hauts-justiciers soûlaient mettre bandes et ban-
» derolles, soit en dedans, soit en dehors de l'église, avec leurs
» armoiries peintes dessus, d'espace en espace. »

Ce droit honorifique ne s'exerçait qu'après décès, *post obitum*. Il pouvait, sans doute, satisfaire la vanité des descendants ; mais il devait fort peu les réjouir. Louis XIV abandonna le séjour de Saint-Germain parce que, du château qui l'avait vu naître, ses yeux découvraient à l'horizon les clochers de Saint-Denis, où il devait un jour aller rejoindre les rois, ses ancêtres !

Les armoiries destinées aux *solemneuses cérémonies* se placèrent d'abord sur des étoffes volantes, *litos*, dont on paëlait (*tapisser — pallium*) le pourtour de l'église ou de la chapelle. Par suite, on s'avisa, pour perpétuer le souvenir (*ad listandum*), de peindre la ceinture funèbre sur les murs de l'église, qui s'en trouvait assez disgracieusement défigurée.

C'est sur ces murs que nous retrouvons encore quelques vestiges qui ont pu résister à l'intempérie des saisons, aux réfections des fabriques, aux grattages révolutionnaires (1) et aux recrépissages successifs qu'on ose appeler de *bon entretien* — *ut pater familias*.

---

(1) Le 23 juin 1793, « le conseil de La Guerche délibère, d'une
» anime voix, à l'effet de faire auter toute marque distinguettiffe
» notamment les girouettes et les armoiries. »

§

Nous ne pouvons signaler que trois églises qui, malgré ces vicissitudes, nous permettent de rétablir des litres consacrées au respect des morts, dont le nom rappelait puissance et illustration.

I.

La Chapelle-Hugon.

L'archéologue pouvait, naguère encore, distinguer çà et là sur le pourtour de l'église de La Chapelle-Hugon quelques vestiges de chrôme, qu'il eût pris volontiers pour les taches qui jaunissent nos vieux clochers de pierre : c'était l'or d'un blason ! Plus loin, l'écu paraissait être traversé par quelques restes de bretèches de sable qui indiquaient sans doute que le seigneur de ces lieux avait été chevalier, grand eschelleur, prompt,

As breteiches monter, et aux murs guernetés.

C'était en effet les armoiries des Grivel, seigneurs de Grossouvre, qui portaient *d'or à la bande brétessée de sable.*

Cette litre avait été établie à la *suscitation* de Gabrielle de La Cressonnière, veuve de haut et puissant seigneur Louis de Grivel, avec lequel elle avait contracté mariage le 25 avril 1606.

II.

Germigny.

La châtellenie de Germigny, primitivement nivernaise, fit partie ensuite pendant bien des siècles du domaine des sires de Bourbon.

Le connétable qui, au faict de guerre, ne permettait point que nul fût plus hardi que lui à l'assaut, trouva la mort en eschellant les murs de Rome. Mais ne cherchons pas autour de l'église les armoiries de l'illustre batailleur; car, après sa mort, la cour des pairs, par l'organe du chancelier Duprat, déclarait Charles de Bourbon atteint et convaincu du crime de lèse-majesté, rébellion et félonie, et il ordonnait que ses armes et enseignes seraient rayées et effacées dans toutes ses châtellenies.

La litre que nous retrouvons porte l'écusson de la famille Brissonnet, qui a donné un chancelier-cardinal, des évêques à Saint-Mâlo, à Nîmes, à Toulon, et des archevêques à Reims.

Cette ceinture funèbre avait été placée lors du décès de Bernard Brissonnet, marquis d'Oisonville, seigneur de Germigny et de Château-Renaud, où il avait transporté sa demeure châtelaine après l'avoir fait construire sur les dessins de Mansard.

Ses armoiries, qui figurent aussi sur le portail couvert et avancé qui remplace l'ancien pont-levis du château, sont *d'azur, à la bande componnée argent et gueule, chargée sur le premier compon d'une étoile d'or, et accostée en chef d'une étoile de même.*

III.

Saint-Étienne du Gravier.

L'abside de l'église du Gravier, construite en pierres de grand appareil, n'a point donné prétexte à quelque regrettable recrépissage; aussi, avons-nous pu restituer les armoiries qui figurent sur la litre qui l'entoure.

Ce sont les armes de la famille Tenon, entièrement nivernaise, qui portait : *écartelé aux 1 et 4 de sable, à une fasce d'or, et aux 2 et 3 de sable à deux lions léopardés d'or* (1).

---

(1) Primitivement les armes de cette famille étaient *d'azur, à un buste de femme d'argent, habillé et chevelé d'or, accompagné de trois étoiles du même métal.*

Nous possédons un ancien bahut qui reproduit ces armoiries. Un

Le 9 février 1607, Étienne Tenon devenait titulaire de la baronnie de La Guerche, qui appartenait à François de Montolon. Celui-ci l'avait acquise de Henriette de Clèves qui, un an après la mort de son glorieux époux Ludovico de Gonzague, avait été obligée d'aliéner plusieurs de ses terres pour acquitter les dettes qu'il avait contractées au service du roi.

Étienne de Tenon avait épousé en 1580 Françoise Bolacre, et mourait en 1640.

Son fils, Antoine, qui lui succédait, faisait peindre la litre qui rappelait aux vassaux de la baronnie la prééminence qu'ils devaient à leur seigneur suzerain : *ès-églises étant en et de la châtellenie*.

Il ornait en même temps, en dedans et en dehors, le tympan de la porte principale d'une grande peinture qui reproduisait son blason, celui de sa mère et celui de Marguerite Brissonnet, son aïeule.

Grâce au vieux porche de cette église, qui subsiste encore, les couleurs héraldiques de ces armoiries sont parfaitement distinctes. Elles ont vu passer deux nouvelles familles de barons et bien des révolutions.

INSCRIPTIONS ET SÉPULTURES EXTERNES.

Nous avons dit en commençant que nous ajouterions, comme appendice à notre chapitre de l'*épigraphie tumulaire*, une énumération de plusieurs sépultures *externes*; c'est ainsi que nous appelons les sépultures des seigneurs de nos contrées qui n'ont point été inhumés dans les chapelles ou les églises érigées sur leurs terres.

autre blason *d'azur, à trois corbeilles d'or*, qui figure sur le même panneau, indique une alliance avec Isabeau de Corbigny, qui épousa Jean de Tenon vers la fin du quinzième siècle.

Le couvent de Fontmorigny, qui jouissait de la protection royale (1), eut pendant plusieurs siècles le privilége de former comme une sainte nécropole où les seigneurs des fiefs circonvoisins demandaient à venir géir, espérant y trouver l'éternel repos et des prières perpétuelles.

L'ancien cartulaire de cette puissante abbaye, que l'incendie des archives de Bourges n'a respecté qu'en partie, va pourtant nous fournir quelques précieux renseignements propres à intéresser le sujet que nous traitons.

Seigneurs de La Guerche.

1178.

Le vicomte Ebbon (*Hebo vicecomes de Campelamanno*), seigneur de La Guerche, donnait, à cause de mort, à Sainte-Marie de Fontmorigny tout ce qu'il possédait dans la paroisse de Saint-Germain (*in parochiâ Sancti Germani*), c'est-à-dire le bois d'alger (*boscum aligeris*), et quatre hommes avec leurs biens et leurs fils, savoir : Garso, — Bernart (Pierre), — autre Bernart — et Humbert Botica.

1216.

Noble homme Willehme des Barres, seigneur de La Guerche, reconnaissait que noble homme Willehme Fracte-Spate, autrefois seigneur de La Guerche, avait donné six septiers de seigle pour l'anniversaire de son frère Ebbon, inhumé dans le couvent de Fontmorigny.

---

(1) En 1314, le comte de Nevers éleva des prétentions au sujet du droit de garde du couvent de Fontmorigny. Il fut décidé que la garde gardienne appartiendrait au roi.

§

La Guerche était la quatrième baronnie du Nivernais; à ce titre, Pierre des Barres, seigneur de La Guerche, est du nombre des quinze barons qui signèrent et donnèrent leur consentement à la charte accordée par Gui II et Mahault de Courtenay, sa femme, pour l'établissement de la commune de Nevers. (Parmentier).

Pierre des Barres choisit sa sépulture dans une des chapelles de l'église de Fontmorigny.

Il avait dès avant, en présence de l'évêque de Nevers, fait donation à cette abbaye, pour son anniversaire, « d'une pitance » au jour des Rameaux ». Il donnait encore le moulin et l'étang de Crille, à la condition que la communauté se nourrirait du poisson dudit étang pendant le Carême (1213).

Enfin, au moment de mourir, il léguait encore au même couvent tous ses biens meubles, ce qui fut approuvé par ses héritiers (1235).

1243.

Nous voyons encore Guillaume des Barres, autre seigneur de La Guerche (*Guiercie dominus*), créer son anniversaire dans la même abbaye; pourquoi il donnait 40 sols et trois mesures de blé, mesure de La Guerche.

1270.

Jean des Barres, chevalier, seigneur de Bois-Rosère, croisé, près de partir pour accomplir son vœu, nommait trois de ses chambellans pour avoir soin de son bien et pour iceux payer ses debptes. (Archives de Bourges.)

« Etant mort là où il plut à Dieu, l'abbé de Fontmorigny
» fut rapporter son corps dans son monastère avec grands
» frais et l'y fit inhumer.

» Pourquoi Pierre et Guy des Barres, ses frères, ont fondé,
» pour le repos de son âme, une vicairie dotée de 15 livres de
» rente, à prendre sur la châtellenie de La Guerche. » (Archives de l'Yonne, E, 12e liasse.)

Saint-Verain. — Chastellux. — Gamaches.

Isabeau, fille et héritière de Guillaume des Barres, seigneur de La Guerche et dernier du nom, avait épousé Jehan de Saint-Verain.

Elle laissa en mourant deux enfants, issus de son mariage :

Jehan, qui hérita de la baronnie de La Guerche,

Et Jehanne, qui épousa en premières noces Geoffroy du Bouchet, et en deuxièmes noces Guillaume de Beauvoir, sire de Chastellux.

Jehan de Saint-Verain étant mort sans postérité, la seigneurie de La Guerche advint à sa sœur Jehanne (1410).

Celle-ci mourut en 1421, et fut inhumée dans l'église des Cordeliers de Vézelay, auprès de son époux, Guillaume de Chastellux (1).

Claude de Beauvoir de Chastellux, vicomte d'Avallon, leur fils, devint alors baron de La Guerche.

Nous n'avons pas ici à parler des nombreux faits d'armes de l'illustre chevalier ; nous nous garderons même de découvrir, avec certains étymologistes, une prédestination héroïque et belliqueuse dans son nom de Beauvoir, *bellum videre*. Nous dirons seulement que le 19 septembre 1441 « il se disait prêt
» à partir de Clamecy pour aller en Flandres, par devers
» Mgr le duc de Bourgogne », et qu'un mois après il s'était trouvé dans la fameuse vallée d'Armençon, où furent écrasées les compagnies des écorcheurs, qui n'avaient plus Forte-Épice pour leur chef.

(1) **Histoire généalogique de la maison de Chastellux.**

Or, pour subvenir à grandes dépenses pour le faict de la guerre et pour obéir aux ordres qu'il avait reçus du duc de Bourgogne d'avoir à se tenir sous les armes avec ses chevaliers et écuyers, il se vit dans la nécessité d'aliéner les terres de La Guerche et du Gravier. Il trouva donc Jehan de Gamaches, seigneur de Chevenon, qui lui versa 600 écus d'or pour prix de la vente qui lui était consentie (1441).

C'était là, sans doute, faire un noble et utile emploi des biens que lui avait transmis la longue et illustre descendance de ses aïeux maternels! Néanmoins, ce fut, sans doute, avec regret qu'il se vit obligé d'avoir recours à cette aliénation ; car, une année après, et au moyen d'une indemnité de 250 livres tournois, il rentrait en possession de cette baronnie de La Guerche qui prenait rang, elle quatrième, parmi les seigneuries relevant de la comté du Nivernais.

Claude de Beauvoir de Chastellux mourut le 12 mars 1453.

En 1423, il avait abandonné au chapitre d'Auxerre la ville de Cravant à la condition, entre autres, « qu'il eslirait sa
» sépulture en icelle église (Saint-Germain d'Auxerre), où
» bon lui semblerait convenablement, avec la fraternité et
» participation de tous les bienfaits, prières, oraisons et
» suffrages faits et à faire en icelle église. » (Archives de l'Yonne.)

Il fut donc inhumé dans la cathédrale d'Auxerre. Sa tombe, brisée par les huguenots, fut rétablie durant le dix-septième siècle.

On y lisait l'épitaphe suivante :

Ici repose le corps de noble et puissant seigneur messire Claude de Beauvoir de Chastellux, seigneur dudit lieu, vicomte d'Avallon, chevalier, conseiller, chambellan de Jean, duc de Bourgogne, gouverneur de Nivernois, qui fut fait maréchal de France en 1418, et qui s'acquit, pour luy et ses descendants masles, la qualité de premier chanoine héréditaire de cette église, laquelle luy fut accordé par messieurs du chapitre d'Auxerre l'an 1423, en reconnaissance du service signalé que ledit seigneur, Claude de Chastellux, leur avait rendu, en leur remettant libéralement la ville de Cravant, qui leur appartenait, après en avoir soutenu le siége, formé par les Anglais, à ses frais et despens pendant cinq semaines, et avoir donné le temps, par une vigoureuse résistance, aux troupes de s'assembler et de gagner la bataille ditte de Cravant, où il se signala, en faisant une sortie dans laquelle il fit prisonnier, de sa main, le conestable d'Ecosse, général des assiégeants.

§

Nous trouvons plus tard quelques autres seigneurs que nous croyons devoir mentionner.

Jean de Gamaches, seigneur de La Guerche et de Rosemond, dont le père avait été tué à la bataille de Verneuil (1423), demanda à être inhumé en l'église Saint-Cyr de Nevers, dans laquelle il avait en 1442 fondé la messe dite de quatre heures. (La Thaumassière.)

Son mausolée était *eslevé*; c'est là sans doute le motif de sa disparition.

Jean de Bar IV, seigneur de La Guerche et de Baugy, qui avait acquis les seigneuries de La Guerche et du Gravier, le 24 juillet 1445, de Claude de Beauvoir, seigneur de Chastellux, lieutenant du Nivernais, et de Marie de Savigny, sa femme, mourut le jour de Pâques 1469.

Son mausolée, avec effigie, se voyait dans l'église des Jacobins de Bourges.

On y lisait l'épitaphe suivante :

CY GIT NOBLE HOMME MESSIRE JEAN DE BAR, CHEVALIER, EN SON VIVANT SEIGNEVR DE BAVGY ET DE LA GVIERCHE, CONSEILLER ET CHAMBELLAN DES ROIS CHARLES VII ET LOVIS, SON FILS, BAILLI DE TOVRAINE, LEQVEL TRÉPASSA LE JOVR DE PASQVES 1469.
PRIEZ DIEV POVR LVI.

§

Robert de Bar succéda à son père dans les seigneuries de La Guerche et de Baugy. Il décédait en 1498, et il était enterré dans la chapelle Sainte-Anne de l'église paroissiale de Baugy.

La pierre tombale existe encore; on peut y lire :

CY-GIT NOBLE HOMME ROBERT DE BAR, EN SON VIVANT SEIGNEVR DE BAVGY ET DE LA GVERCHE, ÉCHANSON DV ROY LOVIS, QVI TRÉPASSA LE 13me JOVR DE DÉCEMBRE 1498.

Il avait épousé Madelaine de Châteauneuf. Ses armoiries, celles de sa femme et de son frère Denis de Bar, évêque de Saint-Papoul, sont gravées sur le pied du bénitier de l'église du Gravier.

§

Regnier de Guerchy.

La maison de Regnier de Guerchy donna successivement trois barons à la seigneurie de La Guerche.

Le premier fut Henri, marquis de Guerchy (1), qui se rendit adjudicataire de la baronnie par sentence de décret rendu au bailliage de Nevers, le 7 janvier 1668.

Il avait épousé Marie de Breuilly.

---

(1) Il descendait de ce Guerchy dont le nom belliqueux figure dans un vers de la *Henriade*.

Un de ses descendants devint architecte à Paris et fit construire le théâtre du Vaudeville, ce qui faisait dire à Scribe : — Mon médecin est baron et mon architecte est marquis.

Si nous en jugeons par les recommandations adressées à ses officiers de justice, dans une lettre autographe que nous possédons, ce haut et puissant seigneur était doué d'une humeur très-débonnaire et toujours disposé à l'indulgence. Elle était adressée à Mᵉ Thevet, son procureur fiscal à La Guerche, *par l'intermédiaire de maître Regnaud, cocatier à Nevers*. Au grand siècle les *cocatiers* servaient de messagers hebdomadaires dans les paroisses rurales.

Un cachet héraldique, dont cette lettre est revêtue, pourrait peut-être fixer les armoiries des Guerchy, qui sont souvent controversées ; il porte *d'azur à six besants d'argent, posés 3, 2 et 1.*

A Henri succéda Louis de Guerchy, son fils, qui était colonel du régiment de Thierache, puis du Royal-les-Vaisseaux en 1699. Il devint lieutenant-général des armées du roi en 1716 et gouverneur de Huningue en 1733.

Il décéda à Guerchy en 1748. Voici l'épitaphe qui se trouve dans l'église de Guerchy, où il fut inhumé :

CY-GIST. ET REPOSE
LE CORPS DE TRÈS-HAUT ET TRÈS-PUISSANT SEIGNEUR Mⁱʳᵉ LOUIS DE REGNIER, MARQUIS DE GUERCHY ET DE NANGIS, VICOMTE DE FONTENAY-LE-MARMION, BARON DE LA GUERCHE, CHATELAIN DE BRETTEVILLE-SUR-LOIRE, SEIGNEUR DE GRESNE, LE PULCEUX, BAZERNE, CHAMPLOISEAU, LACDUZ, PRUNIERS ET AUTRES LIEUX, CHEVALIER DES ORDRES DU ROY, LIEUTENANT-GÉNÉRAL DE SES ARMÉES, GOUVERNEUR DES VILLE ET CHATEAU DE HUNINGUE, DÉCÉDÉ A GUERCHY, AU MOIS DE FÉVRIER 1748, AGÉ DE 85 ANS.
REQUIESCAT IN PACE.

De son mariage avec dame Louise-Jeanne de Marion de Druy, Louis de Guerchy ne laissa qu'un fils, qui lui succéda dans ses terres et seigneuries, et qui mourut à Paris le 17 septembre 1767.

Voici l'épitaphe qui se trouve dans l'église de Guerchy et qui énumère ses titres :

CY-GIST ET REPOSE

très - haut et très - puissant seigneur m⁺ᵉ Claude - Louis François de Regnier, comte de Guerchy, marquis de Nangis, vicomte de Fontenay-le-Marmion, châtelain de Bretteville-sur-Loire, seigneur de Fresné, Le Pulceux, Bazarne, Sanvigne, Pazilly, Champloiseau, Cordeilles, Laduz, Pruniers, Gurgy, Chalantre, La Reposte, Dontilly, Becherel et autres terres et seigneuries, chevalier des ordres du roy, lieutenant-général de ses armées, colonel-lieutenant de son régiment d'infanterie, gouverneur des ville et château de Huningue, et ambassadeur de France auprès du roy de la Grande-Bretagne, décédé à Paris le 17 septembre 1767, âgé de 52 ans 1 mois 17 jours, et transporté à Guerchy pour y être mis auprès dudit seigneur son père, par ordre de très-haute et très-puissante dame madame Gabrielle Lidye de Harcourt, fille de François, duc de Harcourt, pair et maréchal de France, sa très-chère épouse, laquelle, avec très-haut et très-puissant seigneur Anne-Louis de Regnier, marquis de Guerchy et de Nangis, et très-haute et très-puissante damoiselle Antoinette - Marie de Regnier de Guerchy, leurs enfants, ont fait poser ce marbre pour éternelle mémoire.

REQUIESCAT IN PACE.

Dans l'énumération des nombreux titres de Claude de Guerchy, nous ne trouvons plus celui de *baron de La Guerche;* c'est qu'en effet, seize ans avant sa mort, le 24 décembre 1751, il avait vendu cette seigneurie à François, marquis de Fougière, lieutenant-général des armées, dont la famille devait, comme la famille des Tenon et celle des Guerchy, fournir aussi trois barons à La Guerche.

Seigneurs de Patinges.

Hugues de Patinges avait, en mourant, donné à Fontmorigny les prés qu'il possédait près du pont de Pruniers, *ad plancham de Pruneriis*, et cinq deniers de sens sur le moulin de Jouet. En 1176, Radulfe de Patinges, fils de Hugues, et Ancorde, sa femme, confirmaient la donation *elimosinam*, et y ajoutaient des terres situées auprès de Torteron, *usque ad Tortonium*.

§

La seigneurie de Patinges passa, par acquisition, au commencement du dix-septième siècle, à la famille Gascoing. Trois de ces seigneurs occupèrent la charge de lieutenant-général au bailliage royal de Saint-Pierre (1). Ils avaient pour lieu de sépulture un caveau dans l'église Saint-Martin de Nevers.

Seigneurs de Cours-les-Barres.

Le territoire de Cours-les-Barres, *in pago Nivern.*, relevait de l'évêché de Nevers, en vertu de la charte octroyée par Carloman.

Il fut divisé en deux principales baronnies : LUZARCHES et COURS-LES-BARRES, qui prirent, dans la suite, les noms de GIVRY et de LA MÔLE, sans doute parce que l'ancien château de *Cortz*, de *Curte*, ayant été détruit par les Anglais, les seigneurs jugèrent à propos de rapprocher leur résidence sur les bords même du fleuve qui baignait leurs terres.

En 1697, Ignace Marion, déjà détenteur du fief du LIEU, réunissait l'une et l'autre justice sous la même désignation seigneuriale de GIVRY.

Le territoire fut pendant longtemps le partage de nombreux co-seigneurs, y compris la maison de Nevers. Nous retrouvons

---

(1) L'intendant Levayer, qui administra la généralité de Moulins de 1694 à 1699, a laissé un manuscrit où il apprécie, à sa manière, les hommes et les choses de son temps. « Le lieutenant-général Gascoing, » dit-il, est riche, homme de bien, mais d'un esprit fort bouché, pesant » et peu capable ; il a peu d'autorité. »

parmi eux le nom de bien des familles nivernaises : des Barres, de Courtenay, Châtillon, Dracy-Saint-Loup, Le Clerc, Guillemin, de Mige, de Saint-Vincent, de La Chasseigne, de La Barre, Dulys, de Villaines et Marion.

I.

Isabelle de Thianges, dame de Cours-les-Barres, choisit, pour sa sépulture, l'abbaye de Fontmorigny, auprès du tombeau de son mari, Odet des Barres. Elle lègue au couvent cinquante livres, une fois payées (1323).

II.

En 1363, l'abbé faisait assigner devant le prévôt de Sancoins Guy d'Ostun, pour qu'il ait à payer vingt livres tournois, dues pour la sépulture d'Odet des Barres, son oncle, et le tiers de vingt-une livres dix sols dus pour la sépulture de Guillaume des Barres, son grand-père, seigneur de Corz et de Givry.

III.

Jean, sire de Châtillon, qui, en 1368, faisait aveu et dénombrement des seigneuries de Cours-les-Barres, Prunières et le Lieu, à Pierre de Montaigu, évêque de Nevers, était fils aîné de Robert de Châtillon et de Marguerite de Courtenay; il décédait en 1370, et était inhumé dans l'église de Châtillon-en-Bazois.

Sa pierre tombale a été heureusement transférée de l'ancienne église dans la nouvelle.

Le noble seigneur est représenté en costume de chevalier. Les charmantes *engravures* qui encadrent le personnage font les délices des archéologues, qui en admirent la riche exécution.

On lit sur cette belle page de pierre l'inscription en bordure que voici :

.... MONSEIGNEVR : IEHAN : DE : CHASTILLON : QVI : TRÉPASSA :
... IOVR : DE : S : COSME : ET : S : DAMIEN : L'AM :
MIL : CCCLXX : DIEV : PAR : SA : SAINCTE : PITIÉ : LI : VVILLE :
PDONER : TOUS : SES : PECHIÉS.
AMEM.

IV.

Jean Leclerc, alors conseiller du roi, avait acquis le 8 septembre 1410, de noble seigneur Jean de Rochefort et Châtillon-en-Bazois, chevalier, la terre, justice et seigneurie de Givry, Cours-les-Barres, à la part de Luzarches (La Môle).

Il devint chancelier de France et eut le triste honneur de remettre les sceaux royaux entre les mains du duc de Belfort.

Il décédait à Nevers en 1438, et recevait la sépulture en l'église de Saint-Étienne, où il avait fondé une messe quotidienne à l'aube du jour, coupetée de trente-six coups avec la grosse cloche.

Son mausolée subsista jusqu'en 1646, époque à laquelle Claude Maulnoyry, prieur commendataire, le fit disparaître en employant les matériaux qui en provenaient à la construction du logis prieural.

V.

Les Marion, barons de Givry, étaient originaires de Nevers ; ils avaient leur voûte ou cave sépulcrale dans l'église de Saint-Martin ; elle était placée proche le mur de la rue du côté des Ursulines.

§

De Loco.

Le Lieu, qui depuis trente ans a échangé son nom contre celui de DOMAINE DE GIVRY que portait d'antiquité le *village de Givry (Grangia de Givriaco)*, était un fief relevant de l'évêque de Nevers, à cause de Cours-les-Barres.

Les chartes de Fontmorigny nous ont conservé quelques noms des anciens détenteurs DE LOCO.

A la fin du douzième siècle, *Guido de Loco, pro remedio anime sue et antecessorum suorum, donabat, sextam decimam propè decime de Loco.*

En 1233, Robert, seigneur du Lou, Anseric Girard et Sada, sa femme, et Hugo de Berthoing, neveux et nièce d'Isabelle, héritiers dudit Guy ou Guido, abandonnaient au couvent de Fontmorigny tous leurs droits sur un pré près du Lieu et sur les deux étangs de Crille.

Seigneurs de Germigny.

La châtellenie de Germigny appartenait aux sires de Bourbon. Les princes de cette famille avaient leurs tombeaux dans l'église prieurale de Souvigny.

En 1646, dom Mesgrigny, qui écrivait l'histoire de son prieuré, voulut donner des renseignements certains sur les sépultures qui étaient confiées à sa garde ; il fit donc ouvrir les tombeaux des illustres morts. Mais, afin que l'on ne criât point à la profanation, il admit le populaire à venir prier sur les cercueils, qui reçurent l'eau bénite de la main de plus de huit cents assistants.

Ces cercueils, au nombre de six, contenaient :

Charles Ier, — Agnès de Bourgogne, — Jean II, — Pierre II, — Suzanne de Bourbon — et Anne de France.

En 1830, ces tombeaux furent ouverts devant Mme la duchesse d'Angoulême, *pro verecundia et familia*.

Quatre années après, ils étaient encore ouverts, *pro artibus historicis*, à la curiosité de quelques artistes, parmi lesquels se trouvait Achille Allier, qui nous a transmis les deux inscriptions suivantes :

I

La première, écrite sur une tablette de plomb, est ainsi conçue :

CY-GIST LE CORPS DE TRÈS-HAVLTE PRINCESSE SVZANNE, FILLE DE TRÈS-HAVLT ET ILLVSTRE PRINCE PIERRE, 2ᵉ DV NOM, DVC DE BOVRBON ET D'AVVERGNE, ET DE MADAME ANNE DE FRANCE, FILLE DE LOYS XI ET SŒVR DE CHARLES VIII, ROIS DE FRANCE, ET FVST FEMME DE TRÈS-HAVLT ET ILLVSTRE PRINCE CHARLES, 3ᵉ DV NOM, DVC DES DEVX DVCHÉS ET CONNESTABLE DE FRANCE, TRÉPASSÉE A CHASTELLERAVLT LE 28ᵉ JOVR D'APVRIL MCCCCXXI.

II.

LE DVC PIERRE DE BOVRBON, DEVXIÈME
DV NOM.

Cette seconde inscription est terminée par une ceinture de l'ordre de l'Écu-d'Or avec la devise :

ESPÉRANCE,

à laquelle vient de faire allusion le duc d'Aumale dans son discours de réception à l'Académie française.

La Chapelle-Hugon.

Le cartulaire de Fontmorigny, à demi brûlé, peut nous apprendre encore que Radulphe de Charenton ordonnait (*commendabat*) à l'archiprêtre de Montfaucon, son exécuteur testamentaire, de faire des legs pieux aux saints lieux, et léguait en même temps au couvent de Fontmorigny, où il voulait être enterré dans le cimetière, un septier de blé, demi-froment et orge, à prendre sur son terrage de La Chapelle-Hugon (1254).

En 1273, Isabelle, veuve de Simon *de Novito* (Neuvy), son fils et sa fille, reconnaissaient que ledit Simon avait donné à Fontmorigny, où il était enterré dans le cimetière, cinq boisseaux de froment de rente à prendre sur la dîme qui lui appartenait dans la paroisse de La Chapelle-Hugon.

Seigneurs et dames de Cuffy.

Cuffy a constamment fait partie du domaine particulier de la comté du Nivernais. Vouloir, à propos d'épigraphie, rechercher la sépulture de tous les seigneurs de cette châtellenie, ce serait avoir la prétention de faire en partie l'historial des comtes et ducs de Nevers; telle n'est point notre tâche. Néanmoins, nous ne saurions omettre les noms de quelques-uns de ces illustres seigneurs que les choniques citent comme étant venus souvent visiter et habiter ce château dont les ruines proclament encore assez la splendeur passée.

I.

Le premier comte héréditaire fut Otton-Guillaume, qui mourut en 1027. Il fut enterré dans l'église de Saint-Bénigne, de Dijon.

Voici son épitaphe :

NOBILITER NATUS GUILLELMUS ET OTTO VOCATUS
PANSAT IN HAC FOSSA, CUJUS LAPIS HIC TEGIT OSSA,
QUI DUCIS ET COMITIS DUPLICI DITATUS HONORE
ARTIFICES SCELERUM PACIS REPRIMEBAT AMORE.

II.

Hervé, comte de Donzy et de Nevers, mourut à Saint-Aignan, en Berry, le 22 janvier 1223. Il fut enterré dans l'abbaye de Pontigny.

En 1660 on pouvait encore lire sur son tombeau l'inscription suivante :

HIC LAPIS HERVEI COMITIS CELAT FACIEI
FORMAM, FORMA DEI CLARIFICETUR EI.

« Cette pierre cache le corps du comte Hervé. Puisse la face
» de Dieu ne lui être point cachée. »

III.

Gaucher de Châtillon, petit-fils d'Hervé, dans le testament qu'il faisait auparavant de s'en aller au-delà de la mer, *ordonnait* à l'abbé de Saint-Martin de Nevers et à l'abbé de Fontmorigny d'avoir à prendre tous les ans vingt-trois livres tournois sur son revenu de Cuffy ; voulant que chaque année lesdits abbés achètent de vingt livres de ladite somme des chemises et souliers pour les pauvres de sadite terre. *Pro sotularium pauperibus. (Mense julio* 1251. — Cartulaire de Fontmorigny.)

Ne cherchons point où fut le tombeau du preux chevalier qui, à Mansourah, par trois fois courut sur les Sarrasins en criant : Chasteillon, où sont mi prudhommes! Jehan Frumons raconte qu'il trouva vers Massoure un Turc qui estoit monté sur le cheval monseigneur Gauchier de Chastillon, et il li demanda que il avait fait de celi à qui le cheval estoit. Et li répondi que il li avoit copé la gorge tout à cheval. (Sire de Joinville.)

IV.

La comtesse Yolande de Nevers, veuve en 1270 de Tristan de France, avait épousé l'année suivante Robert de Flandre. Accusée par son mari d'avoir fait périr par le poison un fils qu'il avait eu d'un premier mariage, le père furieux l'étrangla de ses propres mains, le second jour de juin, l'an 1280.

Notre Guy Coquille ne dit pas un mot de ces tragiques événements, mais il nous donne le long et magnifique éloge de la princesse qui, d'ancienneté, était écrit sur le marbre noir, haut élevé, qui formait son tombeau dans l'église des Cordeliers :

> Hic iacet, vt cernis, lapidis sub pondere grandis
> Quondam Niuernis comitissa potens Yolandis :
> Iusta fuit, stabilis, consultaque, mitis, honesta,
> Compatiens, humilis, sapiens, deuota, modesta :
> Eius nec metra caperent laudes neque petra.
> Sic procul a tetra caligine, regnet in astra :
> Mœstis solamen erat hæc miserisque iuuamen.
>   Sit tibi solamen trinus et unus, amen.
> Bis centum mille septem decies notat ille
> Atque decem clare qui vult sua fata notare,
>   Feria prima junio tollitur e medio.
> Hæc quoque qui videt, orando iuuamen ei det,
>   Visu Christe tui possit ut ipsa frui.

En voici la traduction :

« Ici repose, sous la large pierre que vous voyez, puis-
» sante dame Yolande, autrefois comtesse de Nevers : elle

» fut juste, ferme, éclairée, douce, honnête, compatissante
» humble, sage, pieuse et modeste.

» Cette épitaphe ne saurait contenir toutes les louanges
» qu'elle mérite.

» Que, loin des terribles ténèbres, elle règne dans la céleste
» lumière.

» Elle consola les affligés et soulagea les malheureux.

» Que la sainte Trinité, ô Yolande, soit aussi ta conso-
» lation.

» Celui qui veut connaître l'époque de sa mort, saura
» qu'elle fut enlevée de ce monde l'an mil deux cent soixante-
» dix, plus dix, le premier jour de juin.

» Que le visiteur lui vienne en aide par ses prières, afin
» qu'elle puisse, ô divin Sauveur, jouir de ta présence. »

V.

Jean de Bourgogne fut aussi un bienfaiteur de « ses
» pauvres, humbles et obéissants hommes et sujets, les pa-
» roissiens et manants de Cuffy et de Beaune. »

Ratifiant l'appointement qui déjà avait été fait par son très-
cher seigneur et frère Charles de Bourgogne, et considérant
qu'à cause des guerres et divisions qui, longuement, avaient
eu cours en ce royaume, les champs qui souloient laboura-
bles estaient devenus en ruine et grands bois. Il donnait
licence et congé à tous ceux qui voudraient venir demeurer
auxdits Cuffy et Beaune de prendre en ses forêts tous bois
pour bâtir et faire leurs nécessités (1466, 13 juin). *Camera
comptorum Nivernensium.*

Ce prince décédait en la ville de Nevers, le 25 septembre
1491, et était inhumé dans le chœur de l'église Saint-Cyr.
Cent ans après, son cercueil, placé entre quatre pierres de
taille, mais sans couverture, se trouvant fort endommagé,
fut réparé par les soins des duc et duchesse de Nevers.

Voici l'épitaphe telle que Gaignières nous l'a conservée

dans son recueil, auquel nous allons faire des emprunts successifs (1) :

> Cy repose le corps de très-hault et puissant prince monseigneur Iehan de Bourgongne, duc de Brabant, de Lotrish et Limbourg, marquis du S.-Empire, seigneur Danuers et d'Ostreuan, comte de Nevers, d'Eu, de Rethel et d'Auxerre, baron de Donzy et Rosoy, s^r de St-Vallery, d'Ault et Cayeux sur la mer, des terres Disle, Iancour, Suilly, La Greue, Chaourse, Maraiz, Villencor et autres en Champaigne, souverain de Chasteau-Regnault et terres d'oultre-Meuse, gouverneur et lieutenant-général pour le roy en Picardie, pair de France, naquist le 25 d'octobre 1415, souffrit beaucoup et endura pour les cruautez inhumaines que exerça sur luy Charles de Bourgongne, fils de Philippes-le-Bon, duc de Bourgongne, son cousin germain, pour le contraindre à renoncer aux grands droits que instament luy appartenoient ès-terres et grandes possessions de la maison de Bourgongne et Flandres. Il épousa trois femmes : la première fut Jacqueline d'Ailly, fille du vidame d'Amiens ; d'eux naquist madame Isabelle de Bourgogne, mariée à Iean, duc de Clèues, fils de Adolphe, et d'eux directement sont descendus messeigneurs les ducs et duchesses de Nyuernois du nom de Clèves; la deuxième fut madame Paulle de Brosse, de la maison de Pentieure, et d'eux nacquist madame Charlotte de Bourgongne, qui fust mariée à Iean d'Albret, sire d'Orual, gouverneur et lieut.-général pour le roy en Champagne et Brye. La tierce fut madame Françoise d'Albret, sœur dudit sieur et sire d'Orual, de laquelle n'eut aucuns enfans.

VI.

Engilbert de Clèves, petit-fils de Jean de Bourgogne, qui, à la tête des Suisses, contribua si glorieusement à la victoire de Fornoue, mourut à Nevers et fut inhumé dans la cave sépulcrale de l'église des Cordeliers, devenue plus tard l'église des Récollets.

(1) Le manuscrit original de Gaignières se trouve à Oxford. — La copie est à la bibliothèque nationale. (Voir vol. II des épitaphes, n° 8226 du catalogue, pages 375 à 380 du volume.)

Son épitaphe, « y attachée et escrite de vieilles lettres », était ainsi conçue :

EN L'AN DE GRACE 1506, LE 21ᵉ Jʳ DU MOIS DE Nʳᵉ, DÉCÉDA DE CE SIÈCLE FEU DE RÉLUISANTE MÉMOIRE HAULT ET TRÈS-P. PRINCE M. ENGILBERT DE CLÈVES, EN SON VIVANT C. DE NEUERS, D'EU ET D'AUXERRE, PAIR DE FRANCE, LIEUT.-GNAL ET GOUʳ Pʳ LE ROY EN SES PAYS ET DUCHÉ DE BOURGᵉ, COMTÉ DE MASCONAIS, BAR-SUR-SEINE ET AUES PAYS ADIACENS, LEQᶜ FUT INHUMÉ EN CE LIEU LE 2 DÉCʳᵉ EN SUIUANT AUD. AN, ET FUT LE 1ᵉʳ COMTE DUD. NEUERS DE LA NOBLE LIGNÉE DE MESSʳˢ LES DUCS DE CLÈVES ICI ENSEPULTURÉS. PRIEZ LE BENOIS FILS DE DIEU QU'IL LUY FASSE VRAI PARDON. AMEN.

VII.

Tout près du cercueil de plomb d'Engilbert de Clèves se trouvait un autre tombeau, sur lequel étaient écrits ces mots :

ICI EST LE CORPS DE TRÈS-H. ET P. PRINCE M. CHARLES DE CLÈUES, SECOND DE SON NOM, COMTE DE NEVERS ET D'EU, PAIR DE FRANCE, FILS DE TRÈS-H. ET TRÈS-P. PRINCE M. ANGILBERT DE CLÈUES, EN VIUANT COMTE, ET DE MADᵉ CHARLOTTE DE BOURBON, LAQUELLE, APRÈS LE TRESPAS DUDI FEU Sʳ ANGILBERT, SON ESPOUX, FUT RELIGˢᵉ EN L'ABBAYE DE FONTREVAUX, OU SON CORPS EST INHUMÉ, AUXQUELS DIEU FASSE PARDON.

VIII

Marie d'Albret, que Guy Coquille qualifie « de miroir très-
» clair de vertu et d'honneur, grandement soigneuse de
» justice, aimant à se rendre familière avec ses sujets pour
» connoître leurs nécessités et leur faire secours en icelles, »
avait reçu le jour au château de Cuffy, le 25 mars 1491-92.
Elle décéda à Paris au mois d'octobre 1549, et fut enterrée
en l'église des Cordeliers de Nevers.

Son fils, François de Clèves, était né aussi au châtel de
Cuffy. Il mourut à Nevers des suites de la blessure qu'il avait
reçue au siège de Rouen.

Il fut enterré dans le chœur de l'église Saint-Cyr. Voici,
toujours d'après Gaignières, quelle était son épitaphe :

Cy repose le corps de très-illustre, très-excellent et magnanime prince monseigneur François de Clèves, premier duc de Nivernois, comte d'Eu, de Rethel, de Beaufort et d'Auxerre, baron de Donzy, de Saint-Verain, de Rosoy, marquis d'Isle, seigneur Sainct-Wallery, Dault et Cayeux sur la mer, de Coulommicis en Brye, de Lesperant en Guyenne, de La Chapelle-d'Angillon, des Aiz, souueraineté de Bois-Belle en Berry, de S.-Amand et terres d'Orual en Bourbonnois, seigneur souuerain de Chasteau-Regnault, de Lumes, Linchaut et terre d'oultre-Meuse, vicomte de Saint-Florentin, seigneur d'Hermy, Chaourse, Marais, Sancourt, Suilly, la Greue et autres en Champaigne, d'Amplepuis, Perreux, Chauagny le Lombard en Beaujoulois, gouverneur et lieutenant-général pour le roy, de Champaigne, Brye et pays reconquis, pair de France, fils de monseigneur Charles de Clèues et de madame Marie d'Albret, épousa madame Marguerite de Bourbon, fille de François de Bourbon, premier duc de Vandosmois, en l'année 1539, naquit au chastel de Cuffy, près la ville de Nevers, le 2 iour d'octobre 1516, durant la grande mortalité qui estoit en la ville de Neuers. Décéda à Neuers le 13 jour de febvrier 1561, auant Pasques.

IX.

A François Ier de Clèves succéda François II, qui, selon Brantôme, était le plus beau prince, le plus doux et le plus aimable. Voici son épitaphe :

CY REPOSE LE CORPS DE TRÈS-ILLUSTRE ET TRÈS-EXCELLENT PRINCE FRANÇOIS DE CLÈUES, 2^c DUC DE NYVERNOIS, FILS AISNÉ DE FRANÇOIS DE CLÈUES, PREMIER DUC DE NYVERNOIS, ET DE MARGUERITE DE BOURBON, SUCCÉDA AU DUCHÉ, COMTÉS, TERRES ET SEIGNEURIES DE MONSEIGNEUR SON PÈRE, ESPOUSA MADAME ANNE DE BOURBON, FILLE DE LOYS DE BOURBON, DUC DE MONTPENSIER, ET DE MADAME IAQUELINE DE LONGRAICH, NACQUIT LE DERNIER IOUR DE MARS 1539, AVANT PASQUE, FUT BLESSÉ EN LA BATAILLE DE DREUX, LE 19 DE DÉCEMBRE 1562, ET DÉCÉDA SANS ENFANTS EN LA VILLE DE DREUX, LE 10 IANVIER EN SUIVANT.

Nous devons dire que la blessure que reçut le prince fut occasionnée par la maladresse de l'enseigne de M. de Guise, qui, imprudemment, tenait son pistolet couché sur le devant de la selle de son cheval, si bien qu'il se délacha et donna dans la cuisse de Monseigneur.

X.

A François II de Clèves succéda son frère, Jacques de Clèves, lequel décéda à Montigny, près de Lyon.

Son épitaphe se trouvait en la voûte sépulcrale de Saint-Cyr. Elle était ainsi conçue :

CY REPOSE LE CORPS DE TRÈS-ILLUSTRE ET TRÈS-
EXCELLENT PRINCE IACQUES DE CLÈUES, 3ᵉ DUC DE
NIUERNOYS, FILS AISNÉ DE FRANÇOIS DE CLEUES,
PREMIER DUC DE NIUERNOYS, ET DE MADAME MAR-
GUERITE DE BOURBON, AUANT LA MORT DE MONSEI-
GNEUR SON FRÈRE ESTOIT DIT ET NOMMÉ MARQUIS
D'ISLES, NE VEQUIST QUE VINT MOIS APRÈS SON
DIT FRÈRE AISNÉ, ESPOUSA DIANE DE LA MARK,
DE LA MAISON DE BOUILLON, NACQUIT EN LA
VILLE DE NEUERS EN MAY 1544, DÉCÉDA A MONTI-
GNY, EN LYONNOIS, LE 6 SEPTEMBBE 1564.

XI.

Henriette de Clèves hérita, de ses deux frères, des duchés de Nevers et de Réthel, et épousa en 1565-66 le prince Ludovico de Gonzague de Mantoue.

Indépendamment de la châtellenie de Cuffy, la baronnie de La Guerche faisait alors partie de leurs domaines.

L'épitaphe, en marbre noir, du tombeau du duc, que la Révolution fit disparaître du chœur de la cathédrale, a été recueillie par le musée lapidaire.

D. O. M.

PERENNI MEMORIÆ

pientiss. sapientiss. probiss. æquiss. strenuiss. fortiss. et invictiss. principis D. Ludovici Gonzagæ Nivernens. ac Rethellens. ducis principis Mantuan. Campaniæ Belgicæ Celticæ qz proregis meritiss. Quem preconiorum et laudum omnium titulis vere majorem veritas ipsa asserere palam prædicare seu civilis aut bellicæ disciplinæ gloriâ : quibus et divo nostro Ludovico Francorum reg. necnon Catoni Aristidi et Fabio Max. componere imo et anteferre non erubescet. In hoc enim diuturno Gallici imperii morbo, et gnosticis, et nuper inauspicato fœderatis perduellib. regio inhiantib. diademati ob id qz omnia sus qz de qz verti procurantib. bellum utriusq. perenne dux impiger indixit, gessit, et de manubiis eorum opima spolia plurima, summo christiani totius qz orbis applausu victor ovans reportavit, atqz fide ipsa fidelior princeps, princip. suor. Errici II, Francisci II, Caroli IX, Errici III et Errici IV, reg. potentiss. auspiciis consecravit. Quibus quidem tum jure agnationis et affinitatis proximus, cum imperii sacris et naturæ legib. obnoxius, sceptri Gallici ad extremum halitum assertor indefessus et propugnator acerrimus indesinenter extitit, quippe qui viribus, opibus, concilio, armis ingenio, manu, ope, opera, velis et remis contenderet in re XPiana et maxime augenda Gallica cui se totum vovarat, dicarat, sacrarat. Ita ut extremis vitæ dieb. jamdiu æger et continuis bellor. laborib. exesus turbulentissimis temporibus, per longissimos terrar. anfractus, Romam versus a XPianiss. Errico III, vero Hercule Gallico et Galliarum Alexicaco ad beatiss. Clementem VIII pontific. max. legatus, periculosiss. itineris tædia non recusarit : tantæ molis erat tantos animis principes firmandæ pacis ergo optime convenire. Ast ut non capax urna tum magni nominis et famæ ducis, sic nec fasti, nec tabellæ votivæ omnes annalium suorum gloriæ, huic enim multa a multis certatim literatis dicata sunt opera, ut posteritatem nihil è tot præclaris vitæ gloriosiss. facinorib. latere unquam possit, istud ergo heic nosse satis siet. Dux noster ille inclytus tot exantlatis laborib. annos LVI ; emensus quorum XXX, felicissima et irrupta sacri hymenei copula cum illustriss. princip. electiss. heroina D. Henrica Clivensi Nivernens. et Rethellen. duc. transegerat trib. è V jugalis tædæ pignorib. illustriss. et generosiss. filio principe Carolo, dilectiss. et illustriss. natab. Catharina et Henrica superstitib. totus Christum spirans. in ipso pene bellico procinctu placide et fortiter vita cessit circa XI kalend. novemb. a virgineo partu MDXCV. Hinc tam charum caput charissimi conjugis charissima conjux æternum, assiduo lachrumar. obruta imbre, tot viduata solatiis pientissimi liberi tanto orbati parente jugiter mœstissime lugentes, suo et Galliæ luctuosæ imo et totius christiani orbis tam lugubre funus planctu prosequentis nomine hoc epicedion huic quod sibi suæ dilectiss. duciss. suisque mausoleo ingenti vivens paraverat :

PP. CC. DD.

PP. DD. CC.

Nous renonçons à traduire en langue vulgaire ce panégyrique qui, sans la moindre vergogne, — *non erubescet*, — décerne, en *toute vérité*, au duc Ludovico de Gonzague, une place dans l'histoire bien préférable à celle qui est attribuée à Caton, à Fabius, à Aristide.

Le latin, dans les mots comme dans les louanges, peut braver l'honnêteté.

Mazarin.

Charles III de Gonzague, prince de Mantoue, s'occupa fort peu des possessions territoriales qu'il tenait de ses aïeux au pays de Nivernais.

Il ne séjourna que deux nuits dans sa ville de Nevers, et finit par vendre le duché, le 11 juillet 1659, au cardinal Mazarin.

Celui-ci obtenait de Louis XIV de nouvelles lettres confirmatives de duché pairie, tant pour lui que pour ses héritiers.

Son historien, Ant. Aubery, fait remarquer à ce propos que le libellé de ces lettres royaulx différait essentiellement de la pratique usitée alors : « Tandis, dit-il, que la plupart des
» titulaires profitent de l'occasion pour énumérer et vanter la
» noblesse de leur race, les grands exploits de leurs aïeux et
» leur propre mérite, s'ils en ont aucuns, le cardinal s'étudia
» à exalter la naissance et le progrès de notre monarchie chré-
» tienne. »

Mazarin mourut le 9 mars 1661, et fut inhumé dans la chapelle du collége des Quatre-Nations, laquelle se trouve aujourd'hui convertie en salle des séances pour l'Institut.

Son mausolée fut confié à l'habile ciseau de Coysevox.

En 93, le tombeau fut ouvert et subit des mutilations. Il a depuis été transféré dans une des salles du Louvre.

L'épitaphe en marbre noir qui l'accompagnait avait été brisée en trois parties ; elle se trouve aussi au Louvre assez haut placée pour que sa lecture ne puisse en être faite qu'avec le secours d'une lorgnette.

En voici le texte :

D. O. M

ET PERRENI MEMORIÆ IULII DUCIS MAZARINI S. R. ECCLESIÆ CARDINALIS ITALIÆ AD CASALE GERMANIÆ AD MONASTERIUM TOTIUS DENIQVE ORBIS CHRISTIANI AD MONTES PIRENAEOS PACATORIS. QUI CUM RES GALLICAS LUDOVICO MAGNO ADHUC IMPUBERE FELICISSIME ADMINISTRASSET, ATQVE ILLUM IAM ADULTUM ET REGNI CURAS CAPESSENTEM. FIDE. CONSILIO. AC INDEFESSO. LABORE IUVISSET, DEPRESSIS UNDIQVE FRANCIÆ HOSTIBUS, IPSISQUE FAMÆ SUÆ ÆMULIS VIRTUTUM SPLENDORE BENEFECTIS, CLEMENTIA DEVICTIS, AC DEVINCTIS, PLACIDE ET PIE OBIIT ANNO. R. S. M DC.LXI. ÆTAT. S. LIX. TEMPLUM HOC ET GYMNATIUM AD EDUCATIONEM NOBILIUM ADOLESCENTIUM EX. IV. PROVINCIIS IMPERIO GALLICO. RECENS ADDITIS ORIUNDORUM. EXTRUI TESTAMENTO IUSSIT ET MAGNIFICE DOTAVIT.

Apremont.

Philibert de Boutillat, seigneur d'Apremont, grand-bailli et tresorier du Nivernais, dut être un personnage considédérable.

En 1467, il avait été, par suite des guerres, fait prisonnier par Philippe de Crévecœur, et bien que la paix eût été signée à Paris, et malgré les requêtes du comte de Nevers adressées au duc de Bourgogne, il n'obtint que difficilement son élargissement.

En 1477, le mariage de Maximilien avec Marie de Bourgogne fut, dit l'historien dom Planchet, l'époque des placets de la maison d'Autriche contre le roi Louis XI, et nous voyons Philibert Boutillat, Guy Pot et autres, envoyés comme plénipotentiaires du roi, à l'effet de *pourvoir* aux différends.

Notre seigneur d'Apremont mourut quelques temps après à Nevers, et fut inhumé dans cette chapelle, à droite du chœur en entrant, qui avait été établie à ses frais dans l'église Saint-Etienne, et que le bon goût moderne vient de faire disparaître pour restituer au vieux monument roman la pureté de son caractère architectonique.

On voyait, dit Parmentier, dans cette *belle* chapelle ogivale une grande inscription qui contenait une fastueuse énumération de tous les titres et des bienfaits du grand-bailli du Nivernais.

Nous avons vainement demandé cette inscription aux chroniques nivernaises, à la collection des épitaphes de Gaignières et à la série des renseignements sur Saint-Etienne donnés par Baluze (1).

Ce monument épigraphique nous eût d'autant plus intéressé qu'il semblerait résulter d'une procédure suivie en 1488, en la cour du Châtelet de Paris, que quelques-uns des contemporains de P. Boutillat auraient protesté contre la légitimité des louanges que lui décernait la pierre tumulaire.

§§

Quels qu'ils fussent, prospères ou néfastes, oublions un instant les siècles passés ; les malheurs des temps présents sont encore trop déplorables pour nous laisser indifférents.

Les cénotaphes sont aussi sacrés que les tombeaux eux-mêmes ; ne nous éloignons donc point sans donner un souvenir, une prière, au pied de ce monument funèbre que des mains pieuses et maternelles viennent d'élever à la mémoire des enfants d'Apremont.

(1) BALUZE, tome II, n° 41, pages 71 et suivantes.

Voici l'inscription dans toute sa noble simplicité :

A LA MÉMOIRE
DE JULES DE RAFELIS St-SAUVEUR, — 3me ZOUAVES ;
LOUIS PARIS, — 76me DE LIGNE ;
CLAUDE BARTHÉLEMY, — MOBILE DU CHER ;
JEAN NICARD, — 14me D'ARTILLERIE ;
MARC LECLERC, — 109me DE LIGNE,
MORTS SOUS LES DRAPEAUX DE LA FRANCE
1870-1871
PRIEZ POUR EUX.

Pas un titre, pas un grade n'est mentionné ! C'est que noblesse, grades, honneurs, tout s'efface dans le lieu de la suprême égalité. Et si le nom de l'enfant du château est en tête du cénotaphe, c'est que, après avoir vu sa jeune gloire éclore en Afrique et s'épanouir au Mexique, le premier, il est venu succomber à Reischoffen !

CONCLUSION.

Omnia in mensurâ sint.

Poussant à bout nos recherches épigraphiques, il nous serait facile encore d'entr'ouvrir ces dépôts commémoratifs qui se trouvent scellés avec la première pierre des églises que depuis vingt ans nous avons vu construire dans ce canton. Mais les monuments contemporains n'ont pas acquis *ce respect dû à la vieillesse* qui est la devise des archéologues.

Néanmoins, un agréable devoir nous engage à rappeler deux inscriptions que la reconnaissance a fait placer, l'une dans l'église de Notre-Dame de La Guerche, l'autre sur la chaire en pierre de l'église de Saint-Germain.

Voici ces deux inscriptions :

1.

HUJUS ECLESIÆ IN HONOREM B^{tæ} MARIÆ
IMMACULATÆ EXTRUENDÆ PRIMARIUM LAPIDEM
SUB GUBERNIO B^{nis} DE MAISTRE INSIGNIS
BENEFACTORIS, EM. CARDINALIS DUPONT
BIT^{is} ARCHIEPISCOPUS BENEDIXIT
ANNO D. MDCCCLVII

2.

**ÆDEM
NON MANU FACTAM
DONATORI.**
  c^{ti} J. (Jaubert.)
DEPRECAMINI.

§

Nous pourrions aussi interroger les bronzes, les bois, les céramiques, les médailles et les *trésors* trouvés enfouis sous notre sol, car depuis vingt ans il en est jusqu'à quatre que nous pourrions citer !

Mais ces *mobilia monumenta*, bien que découverts dans nos contrées, ne présentant point un intérêt directement historique, ne sauraient prétendre qu'à prendre place dans un fugitif catalogue.

Voici pourtant un charmant petit vase de verre, *viridi colore*, avec ses deux anses à forme carrée et à triples nervures aplaties. Il vient d'être trouvé dans un ancien étang mis en culture ; il nous a donné le nom du *vitrarius*, écrit en lettres renversées.

DIBVS.

§

Voici un saint Roch en bois de noyer ; il date du quinzième siècle. Sur le galon de son mantel sont sculptées en champ-levé les vocalises suivantes :

SANTE ROCHE.
SALVE REGINA.

Il a été trouvé dans un grenier du Gravier.

> Ce pauvre saint Roch légendaire,
> Un noir grenier nous l'a livré;
> Il dormait dans un long suaire
> Que l'araignée avait ouvré.

§

Voilà un petit mortier de bronze qui nous offre en lettres gothiques cette inscription circulaire :

IHS SANCTA MARIA.
THIBAULT MOREAU. PHRE.

§

Sur un autre mortier de cuivre postérieur de deux siècles au premier, nous lisons :

C. DAVID. 1626.

Il a dû appartenir à un chirurgien de La Guerche.

§

Voici encore un anneau de cuivre sur lequel on parvient à lire cette devise empruntée à quelque fabliau :

Amie vivre plest,
S'il vous vous plest.

Enfin, nous rappelant que le blason est un langage épigraphique, nous pourrions relever les armoiries qui, malgré les proscriptions révolutionnaires, demeurent encore çà et là attachées aux murailles, aux boiseries et jusque sur les contre-feux des cheminées. — Mais en toutes choses il faut mesure. *Omnia in mensurâ sint.*

Nous mettons donc fin à la tâche déjà bien longue, *multa damnosa papyro* (Juv.) que nous avions entreprise.

Heureux si nous sommes parvenu à faire sortir des ténèbres quelques faits dignes d'intérêt, et à préciser des détails que l'histoire, dans sa marche rapide et magistrale, est obligée de négliger.

Nous avons énuméré une à une les épaves que le passé a semées sous nos pas. C'est peu de chose; mais, nous l'avons dit en commençant, le temps et l'incurie des hommes ont dispersé la moisson épigraphique.

A l'aide exclusivement des inscriptions qu'il avait recueillies dans les temples hébraïques et païens, l'historien Sanchoniaste avait, dit-on, écrit d'importants mémoires : nous ne saurions aujourd'hui que très-humblement porter envie à ce contemporain de Gédéon.

Et nous dirons, en terminant, que si l'histoire générale est un continent difficile à aborder, l'histoire locale est une île presque toujours ingrate et stérile.

Comme le naufragé qui, sur la terre inhospitalière où le sort l'a jeté, a pris soin d'y laisser quelque inscription qui indiquera aux navigateurs futurs la partie de l'île où ils pourront trouver une source d'eau vive et pure, nous aussi, nous avons tenté d'indiquer aux chercheurs et aux chroniqueurs de l'avenir, la source à demi tarie où ils pourront encore trouver à se désaltérer.

Puissent ces quelques gouttes d'eau être rafraîchissantes et douces à leurs lèvres !

TABLE DES MATIÈRES.

	Pages.
AVANT-PROPOS.	1
ÉPIGRAPHIE CAMPANAIRE.	5
— De l'antiquité des cloches. — Les saintiers. — Baptême des cloches.	13
— Le Gravier. — La Guerche.	14
— Le Chautay.	18
— Patinges et Torteron.	24
— Saint-Germain-sur-l'Aubois.	26
— Cours-les-Barres.	28
— Germigny.	30
— La Chapelle-Hugon.	34
— Apremont.	36
— Cuffy.	38
— Un ami des cloches.	40
ÉPIGRAPHIE MURALE.	55
— Le Gravier. — La Guerche.	55
— Torteron.	58
— Cours-les-Barres. — La Môle.	64
— La Chapelle-Hugon. — Grossouvre.	65
— Trézy. — La croix du Boisseau-de-Noix.	68
— Apremont.	69
CHRONOGRAMMES.	73
— Consécration de l'église de Cuffy.	74
— Le boulet de Jeanne d'Arc.	77
— La croix Poinceux.	85
BRACHYGRAMMES.	87

	Pages.
SIGNES D'APPAREILLEURS.	89
GRAFFITI.	90
— Un marinier épigraphiste.	104
ÉPIGRAPHIE TUMULAIRE.	107
— Le Chautay	115
— Patinges	118
— Saint-Germain.	120
— Cours-les-Barres.	122
— Cuffy.	124
— Apremont.	127
— Le Veuillin.	132
— La Chapelle-Hugon.	134
— Germigny.	136
— Le Gravier.	143
UN DÉBUT EN ARCHÉOLOGIE.	144
LES LITRES.	173
INSCRIPTIONS EXTERNES.	176
— Seigneurs de La Guerche.	177
— Familles des Barres, — de Saint-Verain, — de Chastellux, — de Gamaches, — de Bar, — de Guerchy.	177 à 182
— Seigneurs : de Patinges, — de Cours-les-Barres, — DE LOCO.	184 à 188
— Seigneurs de Germigny.	188
— Seigneurs et dames de Cuffy. — Maison de Nevers. — Les Clèves. — Mazarin.	200
— Seigneurs d'Apremont.	201
CONCLUSION.	205

Nevers, Imp. et Lith. Fay.

www.ingramcontent.com/pod-product-compliance
Lightning Source LLC
Chambersburg PA
CBHW051905160426
43198CB00012B/1764